O coordenador
pedagógico
e os desafios
da educação

Leitura indicada

1. O coordenador pedagógico e a educação continuada
2. O coordenador pedagógico e a formação docente
3. O coordenador pedagógico e o espaço da mudança
4. O coordenador pedagógico e o cotidiano da escola
5. O coordenador pedagógico e questões da contemporaneidade
6. O coordenador pedagógico e os desafios da educação
7. O coordenador pedagógico e o atendimento à diversidade
8. O coordenador pedagógico: provocações e possibilidades de atuação
9. O coordenador pedagógico e a formação centrada na escola
10. O coordenador pedagógico no espaço escolar: articulador, formador e transformador
11. O coordenador pedagógico e o trabalho colaborativo na escola
12. O coordenador pedagógico e a legitimidade de sua atuação
13. O coordenador pedagógico e seus percursos formativos
14. O coordenador pedagógico e questões emergentes na escola
15. O coordenador pedagógico e as relações solidárias na escola
16. O coordenador pedagógico e os desafios pós-pandemia
17. O coordenador pedagógico e seu desenvolvimento profissional na educação básica

O coordenador pedagógico e os desafios da educação

Vera Maria Nigro de Souza Placco
Laurinda Ramalho de Almeida
ORGANIZADORAS

Adriana Stella Pierini
Ana Maria Falcão de Aragão Sadalla
Cleide do Amaral Terzi
Eliane Bambini Gorgueira Bruno
Guilherme do Val Toledo Prado
Laurinda Ramalho de Almeida
Luiza Helena da Silva Christov
Moacyr da Silva
Renata Barrichelo Cunha
Vera Lucia Trevisan de Souza
Vera Maria Nigro de Souza Placco

Edições Loyola

Dados Internacionais de Catalogação na Publicação (CIP)
(Câmara Brasileira do Livro, SP, Brasil)

O Coordenador pedagógico e os desafios da educação / Vera Maria Nigro de Souza Placco, Laurinda Ramalho de Almeida, organizadoras. -- 5. ed. -- São Paulo : Edições Loyola, 2012.

Vários autores.
Bibliografia.
ISBN 978-85-15-03597-7

1. Coordenadores educacionais 2. Educação – Finalidades e objetivos 3. Pedagogia 4. Professores – Formação I. Placco, Vera Maria Nigro de Souza. II. Almeida, Laurinda Ramalho de.

12-13832 CDD – 370.71

Índices para catálogo sistemático:
1. Coordenação pedagógica : Educação 370.71
2. Coordenadores pedagógicos : Educação 370.71

Conselho editorial:
Abigail Alvarenga Mahoney
Emilia Freitas de Lima
Idméa Semeghini Próspero Machado de Siqueira
Laurinda Ramalho de Almeida
Melania Moroz
Vera Maria Nigro de Souza Placco

Preparação: Sandra Custódio
Capa: Amanda Ap. Cabrera
  Ronaldo Hideo Inoue
Diagramação: So Wai Tam
Revisão: Cristina Peres

Edições Loyola Jesuítas
Rua 1822 n° 341 – Ipiranga
04216-000 São Paulo, SP
T 55 11 3385 8500/8501, 2063 4275
editorial@loyola.com.br
vendas@loyola.com.br
www.loyola.com.br

Todos os direitos reservados. Nenhuma parte desta obra pode ser reproduzida ou transmitida por qualquer forma e/ou quaisquer meios (eletrônico ou mecânico, incluindo fotocópia e gravação) ou arquivada em qualquer sistema ou banco de dados sem permissão escrita da Editora.

ISBN 978-85-15-03597-7

5ª edição: 2012

© EDIÇÕES LOYOLA, São Paulo, Brasil, 2008

Sumário

Apresentação 7

1. Diretrizes para a formação de professores: uma abordagem possível. 9
   Laurinda Ramalho de Almeida

2. Desafios ao coordenador pedagógico no trabalho coletivo
   da escola: intervenção ou prevenção? 25
   Vera Maria Nigro de Souza Placco
   Vera Lucia Trevisan de Souza

3. Sobre importâncias: a coordenação e a coformação na escola 37
   Renata Barrichelo Cunha
   Guilherme do Val Toledo Prado

4. O trabalho articulador do coordenador pedagógico:
   a integração curricular 51
   Moacyr da Silva

5. A sala de aula como lócus de relações interpessoais e pedagógicas . 61
   Vera Maria Nigro de Souza Placco

6. Laços se formam a partir de nós — Coletivos que reconfiguram
   o trabalho da orientadora pedagógica na escola pública 75
   Adriana Stella Pierini
   Ana Maria Falcão de Aragão Sadalla

7. As relações interpessoais e a formação inicial
do coordenador pedagógico 91
Eliane Bambini Gorgueira Bruno
Laurinda Ramalho de Almeida

8. Processo de aprender a estudar em grupo de educadores
— Escutas e pegadas em caminhos percorridos 103
Cleide do Amaral Terzi

9. Políticas públicas para a coordenação pedagógica:
aprendizados e novas configurações... 121
Luiza Helena da Silva Christov

Apresentação

A sociedade e a escola passam por um momento importante de transição, o que implica, para esta última, um redimensionamento para atender aos desafios que se lhe impõem.

A coordenação pedagógica já é uma atividade plena de desafios e, neste momento, esses desafios precisam também ser dimensionados. Assim, questões e obstáculos do cotidiano da escola, aparentemente rotineiros ou reiterativos, devem ser olhados sob outra perspectiva; devem ser buscadas novas alternativas para enfrentá-los e superá-los. É o que pretendemos com este novo exemplar: *O coordenador pedagógico e os desafios da educação*.

O diálogo que temos mantido com os coordenadores pedagógicos das escolas de Educação Infantil, Ensino Fundamental e Médio tem-se mostrado frutífero para ambos os lados:

— enquanto autores, aprendemos muito, compreendemos melhor a realidade da escola e da coordenação e nos sentimos próximos desses colegas educadores;

— temos recebido um retorno muito significativo e favorável do intenso processo formativo provocado pelos artigos presentes nos volumes anteriores desta série: *O coordenador pedagógico e a educação continuada*, *O coordenador pedagógico e a formação docente*, *O coordenador pedagógico e o espaço da mudança*, *O coordenador pedagógico e o cotidiano da escola* e *O coordenador pedagógico e questões da contemporaneidade*. Essas informações mostram reflexões que redirecionam a ação dos coordenadores e provocam novos movimentos reflexivos, o que é altamente desejável para a ação educativa, como nos ensina o mestre Paulo Freire.

O fato de recebermos tais retornos, vindos de lugares próximos e distantes, nos anima a continuar escrevendo e nos comunicando, subsidiados por esses questionamentos e essas informações de interlocutores privilegiados.

São Paulo, setembro de 2008.

LAURINDA RAMALHO DE ALMEIDA
VERA MARIA NIGRO DE SOUZA PLACCO

1
Diretrizes para a formação de professores: uma abordagem possível[1]

Laurinda Ramalho de Almeida[2]
laurinda@pucsp.br

Em *Seis propostas para o próximo milênio*, Italo Calvino (1995) enuncia os valores literários que merecem ser preservados neste século: leveza, rapidez, exatidão, visibilidade, multiplicidade, consistência. Embora estivesse focalizando a literatura, entendo que estes são valores de vida e, portanto, merecem ser contemplados num processo de formação de professores. Proponho-me, então, a discutir diretrizes para formação docente a partir das categorias por ele enunciadas.

Antes de começar a discussão, convém explicitar o que entendo por formação e recorro a Abbagnano (1982):

> Formação (al.Bildung). No sentido específico que esta palavra assume em filosofia e pedagogia, em relação com o termo

---

1. Este artigo é uma retomada de Diretrizes para formação de professores: uma releitura. In: *As relações interpessoais na formação de professores*. São Paulo, Edições Loyola, 2002.
2. Professora Doutora do Programa de Estudos Pós-Graduados em Educação: Psicologia da Educação, da PUC-SP.

alemão correspondente, ela indica o processo de educação ou de civilização, que se expressa nas duas significações de cultura; compreendida de um lado como educação, de outro lado como sistemas de valores simbólicos.

Portanto, quando se fala em formação, refere-se à educação e à cultura; fala-se do conjunto de conhecimentos que a humanidade já construiu e do acervo que cada indivíduo acumulou em função dos grupos aos quais pertenceu e pertence e de suas experiências pessoais; entra-se no terreno dos valores e símbolos, num processo que tem como intencionalidade o desenvolvimento do indivíduo, singular e social, histórico e concreto.

Na área da Psicologia da Educação, lembro de Henri Wallon, que vai advogar que a ação da escola não se limita à instrução, mas se dirige ao indivíduo completo e deve converter-se em um instrumento para seu desenvolvimento. A escola de Wallon assume que deve cuidar do cognitivo, reconhecendo que, ao lidar com ele, está lidando com o afetivo, pois, dada a integração das duas dimensões, o que se conquista no plano cognitivo é um lastro para o afetivo, e vice-versa. Insiste ele que o professor é um indivíduo completo, com afeto, cognição e movimento, que se relaciona com um aluno também completo, com afeto, cognição e movimento, e ambos, professor e aluno, estão num constante processo de mudança. E mais: que é contrário à natureza tratar o humano fragmentariamente.

Então, considerando diretrizes como: "linha reguladora do traçado de um caminho ou de uma estrada; conjunto de instruções ou indicações para se tratar e levar a termo um plano, uma ação, um negócio etc.; norma de procedimento; diretiva" (Ferreira, 1986), entendo que as diretrizes para formação de professores devem referir-se a indicações que levem a termo um projeto de formação que considere que, antes de ser um profissional, o professor é um indivíduo integrado: corpo, afetividade, cognição.

Convém explicitar que, ao falar de formação de professores, estou a um tempo pensando na formação inicial e na continuada. Entendo que a formação inicial é o primeiro momento da formação continuada e que esta, portanto, não é apenas uma etapa de atualização daquela; ou seja, todos nós temos um percurso de formação profissional que começa na formação inicial e se prolonga por toda a vida. Em contrapartida, a experiência como aluno, não apenas nos cursos de formação de professores, mas ao longo de toda a sua trajetória escolar, é constitutiva da identidade profissional do professor.

Voltemos, então, às *Seis propostas para o próximo milênio*, de Italo Calvino (1995).

Em 1984, Calvino foi convidado para um ciclo de conferências que se realizam ao longo de um ano acadêmico na Universidade de Harvard, em Cambridge. A partir do momento em que conseguiu definir o tema de que iria tratar — alguns valores literários que mereciam ser preservados no curso do milênio seguinte (no qual já estamos) —, passou a dedicar seu tempo à preparação das conferências. Decidiu-se por seis valores, que dariam origem a seis conferências, cujos títulos seriam: leveza, rapidez, exatidão, visibilidade, multiplicidade, consistência. Ao morrer, em 1985, deixou prontas cinco das seis conferências. Consistência não chegou a ser escrita.

É sob essas categorias, com base em algumas das proposições do autor, que vou refletir sobre as diretrizes para formação de professores.

Exatidão

Começo por este título porque exatidão significa, para Calvino, em primeiro lugar, um projeto bem definido e calculado.

O que tem isso a ver com a formação de professores?

Ora, na formação de professores o fundamental é exatamente isto: ter um projeto bem definido e calculado. E o primeiro ponto é a definição dos objetivos. Como lembra Mannheim (1961), citando Montaigne: "Nenhum vento ajuda a quem não sabe para que porto deverá velejar". É uma reflexão sobre o para que fazer, por que fazer, para quem fazer e onde fazer.

As *finalidades* propostas, sejam para um sistema educacional, sejam para uma escola, sejam para uma sala de aula, não podem ficar subentendidas; elas precisam ser claramente explicitadas. Dominar a escrita, dominar os conteúdos matemáticos, dominar os conceitos da História e da Geografia são objetivos relevantes, mas eles têm de estar integrados em uma perspectiva maior, vinculada a um projeto social, pessoal e/ou coletivo (Gatti, 2000). Ou seja, a formação do professor deve ser planejada com base nos objetivos da educação na sociedade.

> Se, de um lado, a sociedade precisa da ação dos educadores para a concretização de seus fins, de outro, os educadores precisam do dimensionamento político do projeto social para que sua ação tenha real significação como mediação do processo humanizador dos educandos (Severino, 1998).

Definidos os objetivos, passa-se à definição dos conteúdos formativos — refletir sobre *o que* ensinar e aprender para alcançar esses objetivos. Estes devem envolver tanto os conteúdos científicos relacionados com a área de especialização como os relacionados com os fundamentos da educação; além destes, também os relacionados com o domínio da comunicação ou da organização de situações de aprendizagem. Estas devem se referir às formas que o professor vai empregar para tornar os conteúdos assimilados pelos alunos, ou seja, *como* ensinar. Independentemente dos procedimentos utilizados, e eles são muitos e variados, é fundamental que garantam a construção do conhecimento pelo aluno, sem perder de vista que o *como* está subordinado ao *para quê*. Convém lembrar aqui que é importante "tanto o fazer as coisas certas como o fazer certo as coisas" (Drucker, apud Goldberg, 1974); "fazer as coisas certas" refere-se ao acerto da definição dos objetivos e "fazer certo as coisas" refere-se à seleção adequada dos meios para atingir os objetivos propostos.

Ao definir o seu *como* ensinar, é oportuno lembrar o conceito de Simetria Invertida, relacionado nas Diretrizes curriculares para formação inicial de professores propostas pelo Ministério da

Educação (M.E., 2001) e inspirado em Donald Schön. Enfatiza o documento que a preparação do professor tem duas peculiaridades muito especiais: primeiro, o formando aprende a profissão no próprio meio no qual vai atuar, porém numa situação invertida. Isso implica que deve haver coerência entre o que se faz na formação e o que se espera dele como profissional. Segundo, o formando já viveu como aluno, provavelmente, a etapa de escolaridade na qual vai atuar. A compreensão desses fatos deve ensejar atividades para que o futuro professor experiencie, como aluno, atitudes, modelos e modos de organização que se pretende venham se concretizar mais tarde.

Outro ponto a ser definido e calculado refere-se à avaliação, ou seja, definição de um processo pelo qual se possa aferir o resultado da aprendizagem do aluno, como decorrência do ensino do professor. Lembrando que, ao mesmo tempo em que está buscando averiguar o conhecimento adquirido pelo aluno e sua capacidade de relacioná-lo com outros conhecimentos nas situações que tiver de enfrentar, o professor está averiguando seu ensino e, em função disso, tomando as decisões mais adequadas à efetivação da aprendizagem. A avaliação é o elemento de ajuste entre o pretendido e o alcançado; deve ser um procedimento para inteirar o professor da eficiência da sua comunicação com o aluno.

Outro ponto que também deve ser lembrado: um projeto bem definido e calculado deve incluir a pesquisa. O formador deve estimular que o formando seja um investigador de sua própria prática, isto é, o formando deve aprender a delimitar problemas, levantar hipóteses, registrar as informações e analisá-las. Lembremos que um bom formulador de hipóteses pensa de acordo com o seguinte modelo: "A partir da melhor informação de que disponho, apresento a hipótese de que tal processo provocará tal resultado" (Coladarci, 1973). "Partir do que agora sei" é a contribuição das diferentes áreas de conhecimento, bem como da experiência acumulada em sua trajetória como aluno e professor.

Um último ponto, e provavelmente o mais importante, refere-se ao entrelaçamento dos objetivos, conteúdos e procedimentos.

Lembramos aqui de Shulman (1986) ao comentar a crítica de Bernard Shaw: "Quem pode faz, quem não pode ensina". Shulman afirma: "Rejeitamos Mr. Shaw e sua calúnia. Declaramos, com Aristóteles, que o teste máximo do entendimento repousa na habilidade de alguém transformar conhecimento em ensino. Quem pode faz; quem entende ensina".

Rapidez

Calvino presta um tributo especial a Mercúrio, o deus da comunicação e das mediações. Mercúrio, leve e aéreo, hábil e ágil, flexível e desenvolto, que estabelece as relações entre os deuses e destes com os homens, entre as leis universais e os casos particulares, entre as forças da natureza e as formas da cultura. Mas não se esquece de Vulcano, deus que não vagueia no espaço, mas que entra no fundo das cavernas e com sua forja constrói, com todos os detalhes, joias, ornamentos, escudos, armas e armadilhas para os deuses.

Ensina Calvino que Mercúrio e Vulcano representam duas funções vitais inseparáveis e complementares: Mercúrio a sintonia, ou seja, a participação no mundo que nos rodeia, e Vulcano a focalização, ou seja, a concentração construtiva. Argumenta também que a comunicação que seduz é aquela que apresenta uma sucessão de acontecimentos, encadeados um ao outro, tendo um elo comum entre todos. Portanto, o tempo de Mercúrio representa a mensagem concisa obtida à força de minuciosos ajustamentos. Já o tempo de Vulcano remete à liberdade de deixar as ideias e os sentimentos se sedimentarem, amadurecerem, com paciência.

O que tem isso a ver com a formação de professores?
Ora,

> O ensino é um processo interpessoal e intencional, que utiliza essencialmente a comunicação verbal e o discurso dialógico como meios para provocar, favorecer e levar ao êxito a aprendizagem em uma dada situação; é uma prática relacional finalizada (Altet, 2001, p. 26).

Então, se o ensino é uma atividade relacional, em que a comunicação e o diálogo estão presentes, é o professor com suas palavras, seus gestos, seu corpo, seu espírito que dá sentido às informações que quer fazer chegar aos alunos. O professor utiliza a si próprio como instrumento de trabalho (Perrenoud, 1993). É preciso, então, que o professor cultive nele mesmo e nos seus formandos determinadas habilidades, atitudes, sentimentos que são o sustentáculo da atuação relacional: o olhar, o ouvir, o falar, o prezar.

— Um olhar atento, um prestar atenção no outro, nos saberes, nas suas dificuldades, nas suas angústias, no seu momento, enfim. Um olhar sem pressa, que acolha as mudanças, as semelhanças e as diferenças...

— Um ouvir ativo, que o leve a pôr-se no lugar do outro, numa apreensão cuidadosa de seus sentimentos e cognições...

— Um falar que seja organizador do pensamento do aluno, que não provoque bloqueios; que leve em conta as ideias-âncora que o aluno já domina; que leve em conta os códigos que os alunos possuem em função de sua história pessoal e de sua história na instituição (Almeida, 2007).

— Um prezar que, a partir do olhar atento, do ouvir ativo, do falar com o outro e não sobre o outro, apreenda o aluno em sua totalidade, e não fragmentariamente.

Enfim, o formador não pode esquecer, e deve lembrar sempre a seus formandos, que ele pode planejar, prever suas ações, mas que continua sempre havendo uma parte de aventura no seu trabalho, e que esta é ligada, exatamente, aos imprevistos que têm origem, na maior parte das vezes, na sua habilidade/inabilidade no trato com a comunicação interpessoal. Lembrando de Mercúrio: ele, professor, precisa estabelecer uma mediação confortável entre os alunos e o conhecimento, uma relação professor–aluno prazerosa e participativa. E voltando ao tempo de Vulcano — ter habilidade e paciência para garantir a focalização construtiva no conhecimento.

A sala de aula é uma oficina de convivência, e o professor, um profissional das relações, com uma intencionalidade — a aprendizagem do aluno.

Visibilidade

Calvino elabora sua conferência a partir de um verso de Dante no *Purgatório*: "Chove dentro da alta fantasia"; partindo desta constatação: "a fantasia, o sonho, a imaginação é um lugar dentro do qual chove".

Então, a fantasia, o sonho, a imaginação, a criatividade são processos férteis e provocadores de fertilidade.

O que tem isso a ver com a formação de professores?

Em primeiro lugar, um processo de formação de professores deve favorecer o desenvolvimento da sensibilidade — sensibilidade para apreciar o mundo, as coisas e as pessoas que o habitam —; o desenvolvimento da imaginação — a capacidade de produzir significados e interpretações do que se vive, de inventar o que não se vive, de cismar com o vivido e o não vivido —; enfim, deve oferecer condições para desenvolver a criatividade — criando um clima de aceitação e compreensão, levando o formando a acreditar no seu centro interno de avaliação e ficar aberto às experiências.

Em segundo lugar, a cultura geral tem um peso muito grande no desenvolvimento desses processos; a escola tem o dever de oferecer aos alunos o que há de melhor na cultura, e o professor, como mediador entre o conhecimento e o aluno, é quem pode selecionar os saberes e os materiais disponíveis da cultura para o aluno.

Lembrando mais uma vez Wallon: o conceito de socialização envolve a interação com o outro — daí a importância das relações interpessoais —, mas também a interação com a cultura: ao ler um livro, ao ouvir uma música, o indivíduo se socializa. Sem esquecer que esse tipo de socialização via cultura oferece mais uma oportunidade de comunicação com o outro — o outro da obra artística ou literária, e esse encontro pode ser socializado com os outros próximos.

Vale registrar aqui uma afirmação de Wallon sobre o meio, um dos conceitos centrais de sua teoria, que mostra a importância do meio escolar para o desenvolvimento:

O meio é o complemento indispensável do ser vivo... Não é menos verdadeiro que a sociedade coloca o homem em presença de novos meios, novas necessidades e novos recursos que aumentam suas possibilidades de evolução e de diferenciação individual. A constituição biológica da criança, ao nascer, não será a única lei de seu destino posterior. Seus efeitos podem ser amplamente transformados pelas circunstâncias sociais de sua existência, da qual não se exclui a possibilidade de escolha pessoal (Wallon, 1986, p. 169).

Multiplicidade

Calvino destaca nesta conferência um trecho do romance do italiano Carlo Emílio Gadda, *Aquela confusão louca da via Merulana*, informando que Gadda buscou representar o mundo como um rolo, uma embrulhada, sem nunca atenuar-lhe a complexidade, ou seja, mostrando a presença simultânea dos elementos heterogêneos que concorrem para determinado evento.

O que tem isso a ver com a formação de professores?

Ora, a descrição de Gadda se presta perfeitamente ao nosso mundo. Nesse emaranhado todo, formadores e formandos são uma combinatória de experiências, de informações, de leituras, de relações, de sonhos, de imaginação, de desejos, de frustrações, e o formador não pode esquecer que o saber e a prática do professor que quer formar vai se basear em todos esses processos.

É preciso ter clareza disso e lembrar que faz parte do processo de formação o desenvolvimento de um olhar múltiplo, que capte a complexidade dos fatos e das pessoas. Nesse sentido o professor precisa ser, nas palavras de Rui Canário (1988), um analista simbólico, um artesão, um profissional da relação e um construtor de sentido.

Considerar o professor um artesão é aceitar que ele não é um reprodutor, mas um reinventor de práticas, a partir das especificidades dos contextos nos quais atua, mobilizando elementos de que dispõe para fazer em face de situações únicas, inesperadas e complexas.

Considerar o professor um profissional da relação é reconhecer a dimensão relacional da profissão docente, reconhecer que a relação professor–aluno é o cerne do trabalho do professor, na qual ele tanto ensina como aprende.

Considerar o professor um analista simbólico significa aceitá-lo como alguém que não tem respostas prontas para todas as situações, mas que é capaz de resolver problemas que surjam em contextos marcados pela complexidade.

Considerar o professor um construtor de sentido implica reconhecer que aprender não é simplesmente acumular informações, mas selecioná-las, organizá-las e interpretá-las em função do sentido que lhes é atribuído. E a construção do sentido é feita a partir da biografia cognitiva e afetiva de cada um.

Leveza

Comecei com exatidão, termino com leveza, porque um projeto bem definido e calculado deve ter como um dos objetivos a leveza, e deve ser executado com leveza. Calvino lembra aqui o mito de Perseu, o único herói capaz de decepar a cabeça da Medusa. Perseu voa com sandálias aladas e sabe que se olhar diretamente para a Medusa ficará petrificado. É preciso então, para dar conta da tarefa, descobrir diferentes pontos de observação da realidade. Perseu se sustenta no que há de mais leve — nas nuvens e no vento — e dirige seu olhar para a imagem da Medusa refletida em seu escudo de bronze.

Calvino fala da leveza como o esforço para retirar o peso das pessoas, das coisas, das cidades e afirma:

> Cada vez que o reino do humano me parece condenado ao peso, digo para mim mesmo que à maneira de Perseu eu deveria voar para outro espaço. Não se trata absolutamente de fuga para o sonho ou o irracional. Quero dizer que preciso mudar de ponto de observação, que preciso considerar o mundo sob outra ótica, outra lógica, outros meios de conhecimento e controle (1995, p. 19).

O que tem isso a ver com a formação de professores?

É importante, no processo de formação, levar o formando a examinar os fatos e as pessoas de diferentes pontos de vista, respeitando o ponto de vista do outro. Levá-lo a entender que seu ponto de vista — o lugar do qual vê — está condicionado pelas crenças, desejos, expectativas, conceitos de que dispõe no momento, assim como pelo ponto de vista do outro. Entra aqui em jogo o processo de autoconhecimento, condição indispensável para o desenvolvimento.

É importante, também, levá-lo a refletir sobre a relação do aluno com o saber: o formador reconhece que o saber é um valor, mas é preciso admitir que o aluno pode não pensar assim, em decorrência do seu caldo cultural. Reconhecendo que o aluno só dará valor àquilo que faz sentido para ele, é preciso investir em conteúdos e na organização de situações de aprendizagem que sejam significativos para o aluno.

Um segundo ponto: leveza tem tudo a ver com alegria. O formador pode levar o formando a vivenciar a escola como um lugar de alegria.

O que é uma escola de alegria? É aquela que não pede ao aluno o que ele é incapaz de fazer, que permite ao aluno fazer o que ele é capaz de fazer, que não lhe impõe humilhações, que oferece espaços para que ele atenda suas necessidades, que dá a ele chance de viver cada etapa de sua evolução com dignidade.

Há afirmações de alunos que retratam que é possível, sim, *uma escola risonha e franca*.

> Muitas vezes eu, assim, quando eu faltava na aula, ou quando o professor faltava, eu sentia falta daquela aula e daquele professor. Isso nunca tinha acontecido comigo antes, antes eu tinha ódio dos professores, não podia nem ver. Agora, aqui não. Eu tinha saudade naquela época. Teve professor que eu me apeguei mesmo[3].

---

3. Depoimento de aluno de escola pesquisada em minha tese de doutoramento (Almeida, 1992) e que desenvolveu o "Projeto Noturno". A época a qual

A fala deste aluno mostra que é possível sentir falta da aula e do professor, ou seja, estabelecer uma relação de amizade com o conhecimento, e que a relação estabelecida com o professor é fundamental nesse processo. Mostra que a escola pode e deve ser um lugar de conciliação entre o conhecimento e o afeto.

Um terceiro ponto: leveza não quer dizer deixar-se levar por casuísmos. Leveza se refere ao modo de agir para atingir os objetivos propostos. Calvino lembra Paul Valéry: "É preciso ser leve como o pássaro, e não como a pluma" — para chegar ao objetivo definido.

Consistência

Como Italo Calvino não chegou a elaborar sua conferência sobre Consistência, aproveito essa categoria para sintetizar as ideias discutidas nas demais.

Para ter *consistência*, um projeto de formação de professores deve ter a presença e a articulação de todos os valores aqui defendidos.

Um projeto de formação de professores é consistente quando apresenta *exatidão*: uma intencionalidade claramente definida que leve em conta o fato de que quanto maior o entrecruzamento dos projetos pessoais e existenciais dos formandos e formadores com o projeto coletivo da escola, maior a probabilidade de o projeto de formação atingir seus objetivos. Dessa intencionalidade derivam os conteúdos formativos e a organização das situações de aprendizagem, com a lembrança de que, ao lado dos conteúdos escolares, os métodos empregados, as atitudes dos professores, a estrutura e a gestão da escola são instrumentos fortemente formadores.

Um projeto de formação de professores é consistente quando está atento à *rapidez*, entendida como efetivação da comunicação. Comunicação, diálogo que tenham como fonte um olhar atento, um ouvir ativo, um falar autêntico. Lembrando que, sendo o

---

o aluno se refere é o período de dois anos no qual a escola esteve empenhada nesse projeto.

ensino uma atividade relacional por excelência, as habilidades de relacionamento interpessoal são condições para a focalização e construção do conhecimento.

Um projeto de formação de professores é consistente quando se preocupa com a *visibilidade*, ao desenvolver no formando a sensibilidade para com as pessoas e as coisas que o cercam no mundo, lembrando que da valorização sensível do outro e do mundo decorrem a aceitação e o respeito, de si e do outro, substratos necessários à constituição dos valores de justiça e de solidariedade.

Um projeto de formação de professores é consistente quando está atento à *multiplicidade*, cultivando no formando um olhar múltiplo, capaz de captar a complexidade das pessoas e dos fatos, que o leve à compreensão, aceitação e integração do igual e do diferente. Lembrando que nesse processo é fundamental que o formador apreenda os sentimentos e as cognições do formando e o ajude a construir, ele mesmo, o sentido daquele objetivo/conteúdo/situação organizadora de aprendizagem propostos pelo formador.

Um projeto de formação de professores é consistente quando está atento à *leveza*, leveza que não significa deixar-se levar pelo aleatório e pelo casuísmo, mas, sim, um modo de atingir os objetivos com determinação temperada com flexibilidade, empatia, otimismo e alegria.

Exatidão, rapidez, visibilidade, multiplicidade, leveza e consistência, como dimensões de um projeto de formação de professores, confluem e se concretizam na pessoa do formador.

Por isso, e para terminar esta reflexão, vou retomar Italo Calvino, agora com o início do romance *O cavaleiro inexistente*. Carlos Magno passa em revista seu exército. Um a um, seus paladinos vão se apresentando: nome, origem, façanhas, tropas. Chega a vez de Agilulfo, cavaleiro de Selimpia Citeriore e Fez, dentro de uma armadura toda branca e bem conservada. Ao contrário dos demais, Agilulfo não relaciona nenhuma façanha, nenhuma tropa, nem abre o elmo para se apresentar ao rei. E o rei o interpela: "Como é que não mostra o rosto para o seu rei?". E Agilulfo responde: "Porque não existo, sire". Depois, com mão firme e lenta, abre a viseira. O elmo estava vazio. Na armadura branca não havia ninguém. "Ora, ora, cada uma que se vê!", diz Carlos Magno. "E como é que está servindo, se não existe?". Responde Agilulfo: "Com força de vontade e fé em vossa santa causa".

Para ser consistente, um projeto de formação de professores deve contar com formadores que tenham força de vontade e fé na causa da educação. E, sobretudo, que estejam dispostos a educar o indivíduo completo: sentimento, razão e corpo.

Referências bibliográficas

ABBAGNANO, N. *Dicionário de Filosofia*. São Paulo, Mestre Jou, 1982.

ALMEIDA, Laurinda Ramalho. *O Projeto Noturno: incursões no vivido por educadores e alunos de escolas públicas paulistas que tentaram um jeito novo de caminhar*. Tese de Doutorado. São Paulo, PUC-SP, 1992.

ALMEIDA, Laurinda Ramalho. Wallon e a Educação. In: Mahoney, Abigail A. e Almeida, Laurinda R. (Org.). *Henri Wallon. Psicologia e Educação*, 7ª ed. São Paulo, Edições Loyola, 2007.

ALMEIDA, Laurinda Ramalho. O relacionamento interpessoal na coordenação pedagógica. In: Almeida, Laurinda R. e Placco, Vera M. N. S. (Org.). *O coordenador pedagógico e o espaço da mudança*, 6ª ed. São Paulo, Edições Loyola, 2007.

ALTET, Marguerite. As competências do professor profissional: entre conhecimentos, esquemas de ação e adaptação, saber analisar. In: Perrenoud, P. e outros (Org.). *Formando professores profissionais*. Porto Alegre, Artmed, 2001.

CALVINO, Italo. *O cavaleiro inexistente*. São Paulo, Companhia das Letras, 1993.

CALVINO, Italo. *Seis propostas para o próximo milênio*. São Paulo, Companhia das Letras, 1995.

CANÁRIO, Rui. A escola: o lugar onde os professores aprendem. *Psicologia da Educação. Revista do Programa de Estudos Pós-Graduados*. PUC-SP. São Paulo. N. 6, 1° semestre, 1998.

COLADARCI, Arthur. A significação da Psicologia Educacional. In: Morse, W. e Wingo, G. *Leituras de Psicologia Educacional*. São Paulo, Cia. Ed. Nacional, 1973.

GATTI, Bernardete A. *Tendências pedagógicas atuais*. Mimeo., 2000.

GOLDBERG, Maria Amélia Azevedo. Avaliação e planejamento: problemas conceituais e metodológicos. *Cadernos de Pesquisa* n. 7, São Paulo, Fundação Carlos Chagas, 1974.

MANNHEIM, Karl. *Diagnóstico de nosso tempo*. Rio de Janeiro, Zahar Editores, 1961.

FERREIRA, Aurélio Buarque de Holanda. *Novo Dicionário Aurélio da Língua Portuguesa*. Rio de Janeiro, Editora Nova Fronteira, 1986.

MEC, CNE, Diretrizes Curriculares para Professores da Educação Básica em Nível Superior, Curso de Licenciatura de Graduação Plena, 2001.

PERRENOUD, Philippe. *Práticas pedagógicas, profissão docente e formação*. Lisboa, Publicações Dom Quixote, 1993.

SEVERINO, Antônio Joaquim. O projeto político pedagógico: a saída para a escola. *Revista de Educação AEC* 27 (107): 85-91, abr./jun. 1988.

SHULMAN, Lee. Those who understand: Knowledge growth in teaching. *Education Researcher*, February, 1986.

WALLON, Henri. *Os meios, os grupos e a psicogênese da criança*. In: Werebe, Maria José G. e Nadel-Brulfert (Org.). *Henri Wallon*. São Paulo, Editora Ática, 1986.

2

Desafios ao coordenador pedagógico no trabalho coletivo da escola: intervenção ou prevenção?

Vera Maria Nigro de Souza Placco[1]
veraplacco@pucsp.br
Vera Lucia Trevisan de Souza[2]
vera.trevisan@uol.com.br

Este texto tem por objetivo refletir sobre o trabalho coletivo na escola como ação preventiva, no que concerne à atuação do coordenador pedagógico junto ao grupo de professores. Em nossa experiência como formadores e pesquisadores na área da educação e da psicologia, nos defrontamos, permanentemente, com situações envolvendo questões recorrentes, relativas a professores e alunos, que poderiam ser mais bem encaminhadas caso houvesse uma prática permanente de formação do coletivo da escola que tivesse como foco uma atuação do coordenador voltada à prevenção dessas questões. É claro que não é possível prever as ocorrências

---
1. Professora do Programa de Estudos Pós-Graduados em Educação: Psicologia da Educação da PUC-SP.
2. Professora do Programa de Pós-Graduação em Psicologia da PUC-Campinas.

cotidianas em um espaço complexo como a escola, assim como não se pode nem se deve controlar as manifestações singulares das pessoas que dele tomam parte e não é disso que se trata no presente texto. Contudo, há muito que se pode prever para agir de maneira a minimizar seus efeitos na escola. Por exemplo, sabemos ˋquanto o atual contexto em que vivemos promove um *stress* excessivo nos profissionais que atuam na escola, o que resulta em desequilíbrios emocionais de professores e alunos, ou mesmo doenças, envolvendo aspectos físicos e emocionais dos atores da escola. Como atuar de maneira a minimizar os efeitos de situações conflituosas e complexas que envolvem alunos e professores ou gestores?

Apresentamos, a seguir, algumas das razões pelas quais acreditamos que o trabalho coletivo pode se constituir em ferramenta pedagógica não só do coordenador, mas de todo o coletivo da escola; pode se constituir em suporte e guia para práticas pedagógicas mais efetivas e humanas, que promovem não só o ensino e a aprendizagem, mas também o desenvolvimento das pessoas que delas participam.

1) O significado do trabalho coletivo na escola

A ação conjunta de educadores que se dedicam à coordenação pedagógico-educacional, supervisão ou administração escolar caracteriza a Gestão Escolar e é vital nas escolas de Educação Infantil, Ensino Fundamental e Médio. Trabalhando em parceria, os gestores escolares se tornam mais capazes de articular o grupo de professores, para que esse grupo e cada um dos professores se mobilize e se comprometa com a melhoria do trabalho pedagógico da escola. Nessa parceria, novos significados são atribuídos à prática educativa da escola e à prática pedagógica dos professores, e, ao mesmo tempo, é suscitada a participação dos professores em um processo formativo contínuo, com o desenvolvimento e a ampliação da consciência de todos os atores educativos da escola sobre seus compromissos como educadores: a melhoria do trabalho pedagógico na escola.

Qualquer processo formativo e qualquer prática educativa só avançam se abordados da perspectiva do trabalho coletivo. Este pressupõe integração de todos os profissionais da escola, a não fragmentação de suas ações e práticas e, fundamentalmente, o compromisso com a formação do aluno. A ação coletiva implica o enfrentamento dos desafios presentes na escola, de modo que uma ação coesa e integrada dos gestores da escola — direção e coordenação pedagógico–educacional — e dos demais profissionais da educação, a partir de uma reflexão sobre o papel desses gestores na articulação e parceria entre os atores pedagógicos, reverta em um processo pedagógico que melhor atenda às necessidades dos alunos.

É neste contexto que se insere nossa crença e nosso pressuposto de que a maior e mais relevante tarefa de base dos gestores escolares é a formação e o desenvolvimento profissional dos professores, não apenas enquanto processos individuais, mas também enquanto formação mútua (interformação) e autoformação. Assim, compreendemos a formação, na escola, como ações possíveis de parceria, de articulação, de formação, de informação, de ajuda e orientação, tendo em vista um claro compromisso político com a formação para a cidadania, de alunos e professores.

Para que ocorram transformações na prática docente, é fundamental a participação do professor e a intencionalidade de sua ação pedagógica. Se essa intencionalidade for engendrada junto às intencionalidades de outros educadores, será possível se pensar na efetivação de um projeto político-pedagógico da escola. Isso implica que a reflexão de cada professor sobre sua própria prática docente está na base das transformações das relações entre as dimensões integrantes da docência e na base da definição coletiva de um projeto de escola.

Este é um processo individual e coletivo extremamente complexo e dinâmico, e frequentemente há necessidade de ajuda para que possa ser cada vez mais consciente e crítico. Essa ajuda se concretiza pela mediação exercida por outros educadores — gestores da escola, que ajudam o professor a identificar seus sentimentos, seus desejos, suas motivações, suas competências, os sentidos e significados de seu pensar e fazer pedagógico, ampliando sua consciência e tornando-o autor de sua prática.

Contemplar o individual no coletivo e fazer com que o coletivo reflita o conjunto dos pontos de vista individuais é o que confere ao trabalho coletivo seu caráter de coletividade, visto que só assim há uma participação efetiva — não no sentido de *tomar parte em*, mas de adesão de cada um, com sentimentos e pensamentos, valores e princípios. Logo, o trabalho coletivo é construído por cada educador e promovido pelo coordenador, responsável pela mediação nesse processo de construção. Como cada sujeito é único, sejam professores, sejam gestores, sejam alunos, não há modelo de trabalho coletivo a ser adotado para as escolas, pois cada processo deverá ser construído com base em seus atores, que deverão tomar parte efetiva dele, para que a adesão ao coletivo seja possível.

Pôr em perspectiva o individual e o coletivo, um em relação ao outro, de modo que não se perca a característica de cada um, e, ao mesmo tempo, garantir-se a identificação com o projeto desse coletivo pode parecer um paradoxo. Contudo, trata-se de um processo em que os significados do que é ensinar, formar e ser professor são partilhados e os sentidos dessas ações para cada um são configurados e constituem-se em motivação para suas práticas e para a participação no coletivo.

Ou seja, é preciso que o projeto da escola seja um espelho que reflita cada um de seus participantes, com suas marcas e características específicas, que contribuem, a seu modo, para o trabalho da escola. Mas esse espelho, a um só tempo, reflete também a escola, como coletivo, com objetivos e finalidades que visem à formação do aluno e dos professores.

É essa a relação entre individual e coletivo que o coordenador deverá promover, em um trabalho que estaria mais próximo da prevenção que da intervenção, como veremos mais adiante.

2) Prevenção, vulnerabilidades e redução de danos

Segundo Tavares-de-Lima (2008) e Sodelli (2006), os conceitos de educação preventiva e educação propriamente dita estão bastante próximos entre si. Na realidade, consideramos que a prevenção faz parte do papel da educação, porque entendemos, como eles, a educação voltada para a formação e o desenvolvimento dos sujeitos, como forma de preparação para que esses sujeitos possam fazer escolhas mais conscientes e menos danosas.

A prevenção envolve fatores ligados à situação social, econômica, educacional e cultural das pessoas. Assim, as crenças e os valores, aspectos emocionais e psicológicos, projetos de vida, situação legal e jurídica do país em que cada pessoa se encontra, além das condições de acesso aos serviços de educação e saúde, devem ser levados em conta quando nos propomos a educar. Considerando-se essa complexidade, caberia perguntar se e por que a escola deveria assumir mais esse papel.

De acordo com Tavares-de-Lima (2008), a educação preventiva está muito mais relacionada às pessoas e às características do ser humano do que a temas como drogas, AIDS ou violência, costumeiramente associados à ideia de prevenção. Esses aspectos, a nosso ver, são forte argumento para que a pensemos na escola como função a ser cumprida, gerida e implementada por educadores. A educação preventiva se caracteriza pela ênfase na relação dialógica entre o educador e a criança, pela utilização dos preceitos da redução de danos e pela ação interventiva junto às crianças e aos jovens, considerando-se seus níveis de vulnerabilidade[3] (Sodelli, 2006).

Dessa perspectiva, fica claro que o educador precisa estabelecer aproximações entre o papel de *educar* e o papel de *prevenir*, o que nos leva a afirmar que a atuação do coordenador pedagógico e a formação de professores deve partir do pressuposto de que a prevenção é também papel dos educadores, na direção de possibilitar o desenvolvimento e a formação dos alunos para escolhas mais conscientes (Placco et al., 2006a; Sodelli, 2006,

---

3. Vulnerabilidade pode ser entendida como a fragilidade de um indivíduo ou grupo de indivíduos em determinados momentos de seu desenvolvimento ou em determinadas circunstâncias de suas vidas. Segundo Ayres, a vulnerabilidade pode ser individual, social e programática (Ayres, 1997, p. 3-4).

Tavares-de-Lima, 2008). Se a prevenção ocorrer nesses moldes, muito provavelmente haverá redução de danos na formação e no desenvolvimento de crianças e jovens, isto é, muitas dificuldades decorrentes de opções danosas e inadequadas serão diminuídas, minimizadas e até mesmo evitadas.

Assim, para que os professores possam atuar focados na construção de atitudes preventivas, em *conjunto com todos os atores sociais* envolvidos no processo, é necessário que o trabalho da coordenação promova condições não só de atuação do professor, mas, principalmente, de formação que vise a essa atuação. As ações preventivas não se devem pautar, exclusivamente, em aspectos informativos, mas sobretudo como adesão efetiva a um projeto que envolve todo o coletivo da escola. As ações pedagógicas relacionadas à prevenção devem ser redutoras de vulnerabilidades, proporcionando às crianças e aos jovens saídas alternativas para o enfrentamento das questões pessoais, sociais e morais envolvidas, assim como redutoras de danos possíveis. Do mesmo modo, as ações formativas relacionadas à prevenção também devem ser adotadas pelo coordenador no tocante aos professores, atores sociais hoje bastante vulneráveis, em decorrência de suas condições de trabalho, da qualidade de sua formação e da complexidade que constitui a atividade docente.

Logo, ao mesmo tempo em que o coordenador deve atuar de maneira preventiva junto aos professores, identificando suas vulnerabilidades e desenvolvendo ações que promovam uma convivência favorecedora de seu desenvolvimento (redução de danos), oferecendo espaço para que expressem suas emoções e seus sentimentos, como a angústia, por exemplo, é fundamental que invista em sua *formação contínua* para a prevenção, para que compreendam os diversos modelos de trabalhos preventivos existentes e suas determinações histórico-pedagógicas.

O compromisso com a formação "não pode ficar debitado apenas às iniciativas individuais e voluntárias do docente, mas tem de representar uma meta clara do projeto escolar-institucional" (Placco & Silva, 2007, p. 31).

3) Trabalho coletivo como prevenção

O sujeito se constitui na relação com outros, em um movimento permanente e constante, em que o outro vai revelando o que somos, via interação. O coordenador deve fazer a mediação dessa relação, oferecendo oportunidade de expressão aos sujeitos singulares que constituem o coletivo, sempre via trabalho, ou seja, mantendo os objetivos pautados no projeto coletivo como norteador do trabalho com os professores.

Será nesse processo que o coordenador poderá ler o grupo, identificando os conteúdos latentes que atuam no modo de ser e fazer de cada um. A identificação desses conteúdos, tais como: necessidades, desejos, angústias etc. é que lhe permitirá planejar um trabalho que tem a prevenção como foco. Logo, ainda que a intervenção seja fundamental no trabalho do coordenador, seu olhar prospectivo, que identifica os objetivos a serem alcançados pelo coletivo da escola e o momento em que se encontra cada um dos sujeitos desse coletivo, é crucial para que se avance e se conquistem melhores resultados no processo educativo.

Dessa perspectiva, é possível dizer que a prevenção e a intervenção são ferramentas imprescindíveis no trabalho do coordenador. Caso contrário, ele corre o risco de atuar, permanentemente, com foco nos *problemas* que surgem, caindo em uma rotina angustiante, que não promove o desenvolvimento do grupo e o seu próprio.

É nesse sentido que acreditamos que a ideia de prevenção pode contribuir para o trabalho do coordenador. Muitas vezes, não é possível ao coordenador resolver determinados problemas; há muitos aspectos que escapam ao seu controle ou que não são da natureza de sua função ou atuação, mas que interferem no desenvolvimento do trabalho do coletivo da escola. Por exemplo, os problemas pessoais dos professores ou dos alunos. Nesse caso, com base na ideia da prevenção, ele pode adotar a política de redução de danos, buscando fortalecer o professor, não individualmente, mas de maneira coletiva, fazendo com que o sujeito afetado sinta-se apoiado e acolhido pelo grupo em suas angústias e necessidades do momento.

4) Trabalho do coordenador pedagógico nessa prevenção

Mas como realizar um trabalho que tome a prevenção como um de seus objetivos? O coordenador pedagógico deverá garantir a interlocução permanente e constante com o grupo; observar as ações e condutas de cada sujeito no cotidiano; ter clareza sobre o tempo e o movimento de cada um, ou seja, os diferentes ritmos, que são privados e singulares; buscar integrar a proposta de formação desse coletivo com a realidade da escola e as condições de trabalho dos docentes; valorizar a formação continuada na própria escola; incentivar práticas curriculares inovadoras; estabelecer parceria com o aluno, incluindo-o no processo de planejamento; criar oportunidades para o professor integrar a sua pessoa à escola; estabelecer parceria com o professor; propiciar situações desafiadoras a alunos e professores e investir em sua própria formação.

Sintetizando, algumas dimensões a serem trabalhadas com os professores, pelo coordenador, são:
- competências pessoais — autoconhecimento, valores, capacidade de tomar decisões e de resolver problemas, definição de metas;
- competências sociais — crença em seus valores e metas, firmeza, resistência à pressão dos grupos de pares;
- conhecimentos — do conteúdo da matéria a ser ensinada, dos aspectos do desenvolvimento e da aprendizagem, das questões que envolvem os valores, a ética, a cidadania, os aspectos afetivos etc.

(Adaptado de Burkhart, 2007)

É fato que a antiga — e atual — maneira de se formar professores, por meio de cursos, leituras e discussões de textos, mesmo que envolvam tentativas de realizar algumas relações entre os textos e as teorias com o que se passa ou dever-se-ia passar em sala de aula, não tem propiciado os resultados desejados. Nosso entendimento é que o coordenador pedagógico, ao prover formação aos professores, na escola, precisa atingir o âmbito pessoal, interno do professor, isto é, este deve promover mudanças em suas atitudes, em seus valores, em sua visão de mundo, de homem, de teoria, enfim, deve promover seu desenvolvimento em todos os aspectos — e isso será a medida preventiva mais significativa que poderá proporcionar ao grupo de professores.

A fala abaixo, de uma professora do segundo ano do ensino fundamental de uma escola da rede municipal de uma cidade do interior de São Paulo, justifica nossa afirmação:

> A maior dificuldade na escola é trabalhar com parcerias. É uma disputa para ver qual metodologia é melhor. Eu acho que não tem uma melhor que a outra. Você pensa o construtivismo, e eu não acredito no que você pensa, então o meu é melhor que o seu. Então, tem uma disputa permanente que prejudica o trabalho e não possibilita trabalhar em equipe. O que há é uma *fofocaiada*. As professoras têm muito medo de chegar para a outra pessoa e falar, fazer a crítica, e leva-se pro lado pessoal.
>
> O orientador é que tem de fazer esse papel, de acompanhar, avaliar, entrar na sala para ver como você está dando aula, ajudar na construção da sua metodologia, na sua didática. Senão fica muito solto e cada um faz o que quer. Se cada um faz o que quer, o projeto político-pedagógico da escola nunca vai ser contemplado. É o que eu sempre falo na minha sala: a gente tem várias escolas dentro de uma mesma escola. Vários modos de pensar. Lógico, as pessoas são diferentes, mas tem que ter essa linha pedagógica, essa conduta, que eu não vejo. Então, assim, o desafio da escola pública é a avaliação do professor, pois é só no concurso, depois a gente não é acompanhado, avaliado, faz o que quer.

Essa e outras falas, observadas em professores, nos indicam que a formação na escola, entendida como ações possíveis de parceria, de articulação, de formação, de informação, de ajuda e orientação entre professores e gestores gera ações que promovem a prevenção de muitas dificuldades e, portanto, possibilitam que o compromisso político da escola com a formação para a cidadania, de alunos e professores, seja alcançado.

Isso significa que muitas dimensões do professor precisam ser abordadas, pensadas como espaços da formação, sem o que continuaremos a fazer o que temos feito: uma formação fragmentada, estilhaçada em aspectos e em momentos que não provocam, no professor, os movimentos necessários para que uma real transformação ocorra em suas atitudes e, por consequência, em suas práticas. O que se pretende é que a formação produza marcas no professor, marcas indeléveis, constituídas de sentidos e significados valiosos para sua docência, que lhe possibilitem — também a ele — promover marcas indeléveis em seus alunos.

Assim, a ação formadora, na escola, não se pode apresentar como novas teorias, tentativas de estabelecer relações entre velhas teorias e novas práticas (ou vice-versa) ou ainda como questionamentos teóricos sobre novas possibilidades metodológicas, "mas sim de provocar dúvidas, de ocasionar desagrado com modos habituais de agir e reagir, de desvelar os desafios escondidos no cotidiano e de encontrar novas maneiras de enfrentar as necessidades dos alunos, do conhecimento, da escola e da sociedade, enfatizando os saberes necessários para se enfrentar este novo século e a formação de um novo cidadão" (Placco, 2006b, p. 3).

Quando se objetiva a formação do professor, é fundamental sua participação intensa e significativa, pois o que precisa ser mobilizado e transformado é sua *consciência*. Assim, a tarefa do gestor/coordenador pedagógico é planejar atividades a serem implementadas no contexto de um processo preventivo, de conscientização, pelo professor, de sua prática e da direção que ele mesmo deseja dar a ela, o que possibilitará a produção de mudanças de essência na atuação pedagógica do professor.

Esse processo, a ser realizado em conjunto por gestores da escola (coordenação e direção) e pelos próprios professores, por incluir dimensões da pessoa inteira, possibilita a mobilização de diversos aspectos da pessoa, gerando uma ação preventiva: a autonomia e a parceria entre os professores e o coordenador, no exercício da docência norteada pelo projeto coletivo.

5) À guisa de conclusão

Neste texto, queremos chamar a atenção dos coordenadores pedagógicos e dos gestores da escola, assim como dos professores, para o fato de que a ideia de prevenção tem chegado à escola como uma tarefa a mais — nem sempre bem-vinda — a ser desempenhada seja por professores, seja por gestores. No entanto, por nossa compreensão do que é a prevenção (primária[4]), não podemos separá-la da educação e, assim, caracterizamos as ações do coordenador pedagógico como preventivas ou interventivas. Se tal profissional auxilia o professor para que este aja na direção do desenvolvimento pleno dos alunos e de si próprio, fortalecendo-o no que concerne aos aspectos afetivos e em sua capacidade de tomar decisões e assumir as consequências destas, tomando por base o projeto político-pedagógico da escola, consideramos tais ações como de prevenção. Se o coordenador não investe nas ações de prevenção, a necessidade de intervenção será muito maior, isto é, precisará agir nas urgências e lidar com as consequências de desequilíbrios e descontroles de situações, caindo em ações rotineiras que lhe tomam todo o tempo disponível, sem conseguir dar conta de seu trabalho, de investir na formação do grupo, de centrar sua ação naquilo que é prioritário no projeto político-pedagógico da escola. Logo, um círculo vicioso se instala: mais intervenção, menos prevenção; menos prevenção, mais intervenção.

Referências bibliográficas

AYRES, J. R. C. M. Epidemiologia, risco e medicina. *Boletim do Corpo Clínico do Hospital das Clínicas da Faculdade de Medicina da USP*, n. 81, p. 3-4, 1997.

---

4. Prevenção primária, segundo o Instituto de Medicina Social e de Criminologia de São Paulo (2005), diz respeito a quaisquer atos destinados a diminuir a incidência de uma doença numa população, reduzindo o risco de surgimento de casos novos.

No caso de ações da escola, a prevenção primária se refere às ações realizadas anteriormente à ocorrência ou ao risco de ocorrência de comportamentos danosos à saúde psicológica, social e física dos alunos.

BURKHART, G. *European Monitoring Centre for Drugs and Drug Addiction*. Disponível em: <http://www.emcdda.eu.int/index.cfm?fuseaction=public. Content&nNodeID=525>. Acesso em 27/03/2007.

PLACCO, Vera M. N. S. *Formação e prática do educador e do orientador*. Campinas, Papirus, [5]2002 (1ª ed., 1994).

PLACCO, Vera M. N. S. e SILVA, Sylvia H. S. A formação do professor: reflexões, desafios e perspectivas. In: BRUNO, E. B. G., ALMEIDA, L. R. e CHRISTOV, Luiza H. S. (Org.). *O coordenador pedagógico e a formação docente*. São Paulo, Edições Loyola, [8]2007.

PLACCO, Vera M. N. S. O coordenador pedagógico no confronto com o cotidiano da escola. In: PLACCO, Vera M. N. S. e ALMEIDA, Laurinda R. (Org.). *O coordenador pedagógico e o cotidiano da escola*. São Paulo, Edições Loyola, 2006a.

PLACCO, Vera M. N. S. *Relevância da atuação do gestor escolar (coordenador, orientador, supervisor ou administrador) na formação do professor*, 2006b, 1-7p. (mimeo).

TAVARES-DE-LIMA, Fernando Falabella. *A educação preventiva no desenvolvimento da criança: o entristecimento e a necessidade de adoção de ações redutoras de vulnerabilidade para a educação psíquica*. 2008. Tese (Doutorado em Educação: Psicologia da Educação), PUC-SP, Coordenação de Aperfeiçoamento de Pessoal de Nível Superior.

SODELLI, Marcelo. *Aproximando sentidos: Formação de professores, educação, drogas e ações redutoras de vulnerabilidade*. 2006. 241 f. Tese (Doutorado em Educação: Psicologia da Educação), PUC-SP.

3
Sobre importâncias: a coordenação e a coformação na escola

Renata Barrichelo Cunha[1]
renata_bcunha@yahoo.com.br
Guilherme do Val Toledo Prado[2]
toledo@unicamp.br

> Um fotógrafo-artista me disse outra vez: Veja que pingo de sol no couro de um lagarto é para nós mais importante do que o sol inteiro no corpo do mar. Falou mais: que a importância de uma coisa não se mede com fita métrica nem com balanças nem com barômetros etc. Que a importância de uma coisa há que ser medida pelo encantamento que a coisa produza em nós. Assim um passarinho nas mãos de uma criança é mais importante para ela do que a Cordilheira dos Andes. Que um osso é mais importante para o cachorro do que uma pedra de diamante. E um dente de macaco da era terciária é mais importante para os arqueólogos do que a Torre Eiffel (Veja que só um dente de macaco!).
> (Manoel de Barros, 2006)

---

1. Pesquisadora colaboradora no Grupo de Estudos e Pesquisas em Educação Continuada (GEPEC) da Faculdade de Educação da UNICAMP.
2. Professor Doutor na Faculdade de Educação da UNICAMP e coordenador do Grupo de Estudos e Pesquisas em Educação Continuada (GEPEC).

A importância da socialização deste texto decorre da necessidade de problematizarmos a formação de professores que acontece na escola e que, dentre as muitas instâncias e possibilidades de formação, representa uma oportunidade de aproximação e diálogo entre os saberes da experiência e os conhecimentos teóricos. Considerando que os professores e coordenadores aprendem sobre si, sobre os outros e sobre seu trabalho em contexto, ou seja, aprendem sua profissão nas escolas (Canário, 1999), valorizar a formação voltada para a reflexão sobre a prática do professor e sobre os conhecimentos e saberes que o professor já construiu na sua experiência docente implica valorizar sua prática e seu saber-fazer.

A perspectiva da formação em contexto, compreendida como processo de formalização da experiência (Canário, 2000), concebe a escola como lugar de formação/trabalho e lócus de produção de conhecimentos e saberes, privilegiando a reflexão sobre a prática no diálogo com a teoria. Essa formação centrada na escola, que se ocupa dos saberes profissionais emergentes do contexto de ação, desafia o coletivo de professores a gerar sentidos e coerências para a atuação individual e do grupo. Esse coletivo de trabalho, entendido como espaço de reflexão e intervenção, de socialização de experiências e de (re)construção de identidades e práticas, pode permitir que cada professor e coordenador dê sentido à sua experiência e se reconheça produtor de conhecimentos e saberes.

Canário (2000) destaca que uma das dimensões fundamentais da formação centrada na escola, baseada nas experiências dos professores, consiste em criar situações que permitam aos professores aprender a pensar e a agir de modo diferente, pois a reflexão, conduzida de modo sistemático e finalizado, permite transformar a experiência num saber utilizável.

Embora reconheçamos que a formação centrada na escola aconteça informalmente com base nos aprendizados com os alunos e alunas e na socialização dos professores, entendemos que quando mediada intencionalmente pelo coordenador pedagógico, nos encontros individuais e coletivos, pode constituir-se em experiência importante de desenvolvimento pessoal e profissional.

Em outras palavras, defendemos que a formação que acontece no interior da escola pode ser potencializada quando conta com o coordenador pedagógico enquanto mediador do trabalho docente coletivo.

Concordamos com as perspectivas dos autores que colaboraram com as produções organizadas por Guimarães, Mate e Bruno (1998), Bruno, Almeida e Christov (2000) e Almeida e Placco (2001, 2003) e que apontam os coordenadores pedagógicos como interlocutores privilegiados entre os professores em suas reflexões sobre a prática e responsáveis por promover a formação continuada dos professores no interior da escola. Essa é uma perspectiva de trabalho para o coordenador, a "medida" que refere a importância que atribuímos à sua atuação na escola.

A "medida" é uma só?

Uma questão que nos parece relevante pôr em discussão é se os coordenadores se reconhecem como formadores dos professores, ou seja, a importância que conferem a esse trabalho de formação. A produção teórica, nos seus vários matizes, que aponta o coordenador como formador dos professores durante os momentos de trabalho docente coletivo nos estimulou a interrogar os coordenadores acerca desse papel.

Nossa pesquisa (Cunha, 2006), que dialogou com três grupos de coordenadoras (cinquenta coordenadoras no total) de escolas de Educação Infantil públicas e privadas, em dois momentos e duas circunstâncias de investigação[3], foi orientada no sentido de compreender se as coordenadoras pedagógicas se reconheciam (ou não se reconheciam) como formadoras de professores

---
3. O primeiro momento da pesquisa foi estruturado com base em um trabalho de formação promovido por uma organização não governamental e envolveu três grupos de coordenadoras que se reuniam quinzenalmente com a pesquisadora, durante um semestre. O segundo momento da pesquisa foi pautado por um encontro com seis coordenadoras que haviam participado dos grupos anteriores e representou uma oportunidade de aprofundamento das questões orientadoras da pesquisa.

nas escolas e quais eram suas possibilidades e dificuldades para organizar essa formação.

Admitindo que a coordenação pedagógica venha a ser, de fato, um canal privilegiado de interlocução e formação de/com/entre os professores, compreender esse universo nos pareceu necessário para nos prepararmos como formadores de professores e formadores de formadores de modo a contribuir com os programas de formação inicial e continuada.

O diálogo com as coordenadoras nos permitiu reconhecer, em primeiro lugar, que elas valorizam a formação que acontece nos momentos de trabalho docente coletivo, concordando que a formação com ênfase na socialização e problematização das práticas dos professores contribui para o desenvolvimento profissional, bem como da escola. Argumentaram a favor da formação em colaboração, valorizando tanto os encontros individuais, quando podiam apoiar e colaborar com os professores na solução de dúvidas, compartilhando preocupações, quanto os encontros em grupo.

Em segundo lugar, destacamos que a formação na escola não foi considerada pelas coordenadoras como predicativa de sua função. As coordenadoras se propõem a incentivar, organizar, articular, mediar e colaborar com a formação nos encontros coletivos de professores. Reivindicam, entretanto, uma responsabilidade compartilhada pela formação, destacando a importância da implicação e do comprometimento de cada professor nesse processo.

> Não acredito que seja só função do coordenador, temos que fazer parcerias e responder pela escola como um todo. G2/Av4[4]
>
> (...) esse papel não deve restringir-se a apenas uma pessoa dentro de uma unidade escolar; ao contrário, acredito que se trata de uma responsabilidade de todos os envolvidos. G3/Av6

---

4. As falas transcritas dos sujeitos da pesquisa estão documentadas na pesquisa com base nos registros pessoais dos encontros da pesquisadora (identificados por Rp), nos registros das coordenadoras (Rc) e nas avaliações escritas ao final do trabalho (Av). Os três grupos de coordenadoras estão codificados como G1, G2 e G3. O código G2/Av4, por exemplo, significa Grupo 2/Avaliação4.

A palavra responder deixa-me achando que é responsabilidade só dele. Mas é responsabilidade de todos os educadores, só que não descarta que o coordenador deve buscar maior segurança para tal. G3/Av7

É lógico que o coordenador tem a função de estimular e oportunizar essa formação, porém ele não é o único responsável, mas sim o grupo todo, o desejo e a vontade devem estar presentes em todos. G3/Av11

Não responder, mas incentivar e procurar colaborar com essa formação continuada. G2/Av1

Deve ser uma questão da equipe como um todo. G2/Av5

A escola é um todo, então não gostaria de pensar que é função exclusiva do coordenador responder pela formação continuada na escola e sim mostrar que estudar e trabalhar em equipe, todo grupo cresce uniformemente, basta o coordenador saber passar essa ideia de coletivo para sua Unidade Escolar. G3/Av1

Acredito que o coordenador, como já dito, é o mediador, mas cabe a cada professor procurar o conhecimento e investir em sua formação. G3/Av2

Em minha opinião, o coordenador deve auxiliar o professor, estimulá-lo para que este deixe nascer a vontade de aprender, pois sem essa vontade ele jamais aprenderá. G3/Av9

O coordenador deve ser o mediador e o oportunizador desta formação, dando subsídios à equipe, porém incentivando todos a participar com interesse. G3/Av13

As coordenadoras identificaram-se com a função de mediar e articular a formação na escola como defendemos, destacando, contudo, a reciprocidade entre coordenadores e professores fundamentada na participação e no intercâmbio que "não só leva o indivíduo a ter uma melhor compreensão de si próprio, uma vez que pode testar a validade de suas ideias através da compreensão que o outro tem de suas palavras, como também estimula sua capacidade de pensar" (Romero, 1998, p. 46).

Ampliando e (re)definindo "medidas"

As coordenadoras concordaram que a responsabilidade pela formação é tanto individual (autoformação) quanto coletiva. Oliveira (1996) sublinha três modalidades pedagógicas na formação de adultos (professores) que nos ajudam a pensar nessa complementaridade: a autoformação, a coformação e a ação-investigação-ação.

Para Oliveira (1996), a autoformação é entendida como processo em que o professor assume e toma em suas mãos a responsabilidade pela sua formação. Essa iniciativa pressupõe o envolvimento, a participação e a decisão em todos os aspectos que, de algum modo, possam contribuir para seu desenvolvimento pessoal e profissional. O professor pode gerir sua aproximação e seu aprofundamento do material teórico de acordo com seu ritmo, seus interesses e suas necessidades e com base nas contribuições que ampliam a compreensão de seu exercício profissional.

Mesmo admitindo que a vertente de autoformação seja essencial na formação de adultos, ela não se esgota como dispositivo formativo. Segundo Oliveira (1996), as contribuições de diferentes atores associados às várias áreas, com quadros de referência diversos e o distanciamento desses profissionais, podem colaborar para clarificar muitas situações e encontrar formas inovadoras para solucionar questões em análise. Valoriza, portanto, "o diálogo entre diferentes intervenientes com '*backgrounds*' pessoais e profissionais distintos" (p. 69) como instrumento importante de formação.

O contexto de coformação, em que cada professor socializa seus problemas e suas dúvidas, possibilita que ele também assuma seu papel de formador, coopere com a análise das práticas dos colegas e se envolva com as propostas de atuação de seus parceiros. Todos podem contar com as experiências e os saberes diferenciados de seus colegas, compartilhando de processos de resolução de problemas.

Oliveira (1996) alerta, entretanto, que a colaboração entre professores no grupo de formação poderá não ser suficiente se ela se basear exclusivamente em comunicações apoiadas na simples troca de experiências, sem uma reflexão aprofundada sobre as práticas e um confronto com a teoria, que podem promover mudanças nos quadros de referência. Promover encontros subordinados a um plano prévio de organização, focalizando os diálogos em situações e problemas concretos da prática e enquadrando-os no diálogo com as teorias são cuidados fundamentais.

Essa é a mesma posição defendida por Canário (2003) quando propõe que os sujeitos da formação promovam "situações que permitam, ao mesmo tempo, aprender com e contra a experiência, isto é, instituindo formas permanentes de alternância entre o experiencial e o simbólico" (p. 205).

Sendo assim, outra vertente importante na formação de professores está associada a uma dinâmica formativa de pesquisa sobre o trabalho que se desenvolve, orientando uma oportunidade de análise sistemática sobre a prática educativa, articulando problemas vivenciados na prática com as teorias produzidas na área. Essa estratégia representa, na verdade, uma dimensão de autoformação participada e de formação mútua.

As coordenadoras argumentaram a favor da autoformação e da coformação, mas o grande desafio seria articular essas três possibilidades na escola. Possibilidades comprometidas, é verdade, por uma rotina complexa e com grandes dificuldades.

Muito embora as coordenadoras ouvidas nessa pesquisa reconheçam a importância de articular os momentos de interação com os professores, promovendo um ambiente de intercâmbio e socialização de reflexões, elas referiram dificuldades de várias ordens que comprometiam sua ação como formadoras: sobrecarga e fragmentação do trabalho (dificuldade para conciliar aspectos pedagógicos e administrativos), acúmulo de responsabilidades, necessidade de resolução rápida de problemas e atendimentos emergenciais, falta de interlocutores que dialogassem sobre o trabalho na escola, ausência de uma intencionalidade que orientasse suas ações, falta de tempo para planejar os encontros com os professores, interrupções e múltiplas solicitações, horários inadequados das reuniões e, finalmente, cansaço.

O desenvolvimento do trabalho das coordenadoras pareceu, de fato, atropelado por múltiplas solicitações, emergências e imprevistos, e elas admitiram não conseguir, na maioria das vezes, definir uma ação que integrasse as atividades da própria rotina com as atividades consideradas importantes, como a organização das dinâmicas formativas na escola. A realidade dos encontros de trabalho docente coletivo que deveriam possibilitar a formação da equipe escolar ficava subordinada, portanto, a uma rotina exigente que não permitia à coordenadora cuidar do planejamento e encaminhamento das reuniões.

As coordenadoras sofriam com a falta de tempo para pensar e de espaço para conversar, com as interrupções no trabalho e com o atendimento emergencial dos problemas, bem como com as múltiplas solicitações e funções a desempenhar na escola.

Entretanto,

> é preciso ter coragem para fazer escolhas, definir metas, aproveitar brechas, criar espaços, fazer parcerias. Sagacidade e coragem para aventurar-se, lembrando a afirmação de Kierkegaard: "Aventurar-se causa ansiedade; porém, não se aventurar é perder-se. E aventurar-se, no mais alto sentido, é precisamente tomar consciência de si mesmo" (Almeida, 2003, p. 45).

Reconhecendo que o cotidiano do coordenador na escola é pontuado por circunstâncias que o levam a uma "atuação desordenada, ansiosa, imediatista e reacional, às vezes até frenética" (p. 47), Placco (2003) propõe a reflexão sobre o cotidiano, de forma a questioná-lo e equacioná-lo, recorrendo à contribuição de Matus (1991) e Gonçalves (1995). A partir dos conceitos de "importância, rotina, urgência e pausa" para caracterizar as atividades de trabalho, a autora sugere que a coordenadora transforme muitas urgências em rotinas, prevendo algumas eventualidades, situações inesperadas e incidentes; que as atividades de importância envolvam todos os educadores da escola, garantindo um planejamento que valorize o projeto político-pedagógico; que as pausas sejam traduzidas em encontros de comunicação, compreensão, solidariedade e parcerias entre os atores envolvidos com a escola.

As coordenadoras envolvidas na nossa pesquisa concordaram que atuam na perspectiva de urgências, absorvidas por atividades de rotina, angustiadas por não responderem às atividades de importância, longe dos momentos de recuperação proporcionados pelas pausas.

O ato de cuidar da formação dos professores na escola, que é uma atividade de importância, é atropelado, portanto, pelas rotinas que aprisionam e pelas emergências que fragmentam as ações no cotidiano.

Contudo, como afirmam as coordenadoras...

> A formação se faz necessária, pois estamos em constante transformação: precisamos analisar as mudanças que ocorrem na nossa prática, isso ajuda na construção da nossa autonomia intelectual. (G3/Av4)
> Não podemos desqualificar o nosso saber, que é produzido pelas nossas experiências, vivências e oportunidades que temos de aprender. Não podemos limitar esse saber (...). Mesmo com as dificuldades, ficou claro para o grupo que é preciso garantir um espaço coletivo de trabalho na escola. Que o professor e o coordenador não devem ter vergonha nem de ensinar os outros professores nem de aprender. (G3/Rc1)

Além de definir as atividades de importância, rotina, urgência e pausa, seria interessante que o coordenador, levando em conta que a escola é um lugar de "aprender" e de "ensinar", construísse um plano de coformação junto ao seu grupo de professores.

Um plano que poderia inserir a escola em redes de formação, uma vez que a formação centrada na escola não dispensa apoios exteriores. Canário (1998) argumenta que é justamente o apoio externo e suas funções de crítica, facilitação e informação que podem cooperar com as escolas no enfrentamento de suas dificuldades.

Medida de encantamento

Nossa afinidade com a perspectiva da formação centrada na escola justifica-se pela possibilidade que anuncia de valorização dos saberes dos professores e coordenadores e reconhecimento da experiência como estatuto de fonte de conhecimento. Essa posição é defendida por Geraldi, Fiorentini e Pereira (1998) e vem sendo por nós retomada em outros trabalhos, quando destacamos a escola como lócus de produção de conhecimentos e saberes e espaço-tempo de produção de pesquisa do professor (Cunha e Prado, 2004, 2005, 2006; Prado e Cunha, 2006; Prado, Cunha e Mota, 2006).

Trata-se de uma perspectiva coerente com a ideia de que professores e coordenadores são formandos e formadores, negociando responsabilidades e compartilhando necessidades, interesses, contribuições teóricas. Tal perspectiva assume interações simétricas e privilegia uma formação horizontal, que não localiza e define quem é o "formador" e quem são os "formandos", mas os insere num projeto de formação na reciprocidade.

Pacheco (1995) destaca a importância da mutualidade na formação que acontece na escola, ou seja, da partilha solidária de conhecimentos e saberes. A partilha de conhecimentos no grupo de professores, em que as experiências singulares são reconstruídas, confrontadas e reorganizadas, vai sendo alimentada, no processo formativo, pela importância que cada um se concede e pela afetividade que garante certa coesão no grupo.

Tal perspectiva de formação nos parece ajustada às expectativas das coordenadoras que dialogaram conosco, que, não se reconhecendo como responsáveis por uma formação vertical, propõem-se a mediar uma coformação assente em relações colaborativas e horizontais e orientada pela reflexão-ação e pela promoção da autorrealização associada à intervenção na realidade.

Trata-se de uma formação produzida em colaboração e que não distingue os "momentos de formação" dos "momentos de trabalho", pois a lógica que orienta a aproximação entre formação e exercício profissional parte do pressuposto de que as teorias e os problemas da prática interpelam-se mutuamente (Correia, 2003).

A valorização desse encadeamento entre momentos de formação e trabalho, bem como o reconhecimento da importância da mobilização de conhecimentos e saberes adquiridos em situações de trabalho (saberes experienciais) no confronto com a teoria justificam a emergência de novas práticas formativas que convidam o professor e o coordenador a dar sentido às suas experiências. Formar-se passa a estar relacionado à reflexão de si (autoconhecimento), reflexão sobre o trabalho, sobre as situações, acontecimentos, ideias.

O desafio da coformação na escola seria, portanto, mobilizar uma formação capaz de fortalecer valores, produzir incertezas pertinentes, alimentar o diálogo entre os saberes e as circunstâncias, gerar novas coerências. Compreendendo os contextos e negociando pontos de vista seria possível, ainda, construir um sentimento de pertença que possibilitasse o desenvolvimento pessoal e profissional dos professores e coordenadores. Trata-se de medidas e importâncias que elegemos para orientar a coformação possível e desejável entre coordenadores e professores nas escolas.

Referências bibliográficas

ALMEIDA, L. R. Um dia na vida de um coordenador pedagógico de escola pública. In: ALMEIDA, L. R. e PLACCO, V. M. N. S. (Org.). *O coordenador pedagógico e o cotidiano da escola*. São Paulo, Edições Loyola, 2003.

ALMEIDA, L. R. e PLACCO, V. M. N. S. (Org.). *O coordenador pedagógico e o espaço da mudança*. São Paulo, Edições Loyola, 2001.

BARROS, M. *Memórias inventadas*: a segunda infância. São Paulo, Editora Planeta do Brasil, 2006.

BRUNO, E. B. G., ALMEIDA, L. R. e CHRISTOV, L. H. S. (Org.). *O coordenador pedagógico e a formação docente*. São Paulo, Edições Loyola, 2000.

CANÁRIO, R. *Gestão da escola*: como elaborar o plano de formação? Lisboa, Instituto de Inovação Educacional, 1998.

_____. A escola: o lugar onde os professores aprendem. In: MOREIRA, A. et al. *Supervisão na formação*: Actas do I Congresso Nacional de Supervisão. Aveiro, Universidade, 1999.

_____. A experiência portuguesa dos Centros de Formação das Associações de Escolas. In: MARIN, A. J. (Org.). *Educação Continuada*. Campinas, Papirus, 2000.

_____. A aprendizagem ao longo da vida: análise crítica de um conceito e de uma política. In: CANÁRIO, R. (Org.). *Formação e situações de trabalho*. Porto, Porto, 2003.

CORREIA, J. A. Formação e trabalho: contributos para uma transformação dos modos de pensar na sua articulação. In: CANÁRIO, R. (Org.). *Formação e situações de trabalho*. Porto, Porto, 2003.

CUNHA, R. C. O. B. *Pelas telas, pelas janelas*: a coordenação pedagógica e a formação de professores nas escolas. 2006. Tese (Doutorado em Educação), Faculdade de Educação, Universidade Estadual de Campinas, Campinas.

CUNHA, R. C. O. B. e PRADO, G. V. T. A professora-pesquisadora e o professor-pesquisador na escola: estudar, pensar, saber. In: *XII ENDIPE — Encontro Nacional de Didática e Prática de Ensino*, 2004, Curitiba-PR. XII ENDIPE — Encontro Nacional de Didática e Prática de Ensino, 2004. p. 1486-1496.

_____. A produção de conhecimentos e saberes do(a) professor(a)-pesquisador(a). In: *VIII Congresso Estadual Paulista de Formação de Educadores*, UNESP, 2005, Águas de Lindoia. Modos de ser educador: artes e técnicas — ciências e política. São Paulo, UNESP, 2005. 286p. p. 235.

_____ (Org.). *Percursos de autoria*: exercícios de pesquisa. Campinas, Átomo/Alínea, 2006. No prelo.

GERALDI, C. M. G., FIORENTINI, D. e PEREIRA, E. M. A. (Org.). *Cartografias do trabalho docente*: professor(a) pesquisador(a). Campinas, Mercado de Letras, 1998.

GONÇALVES, C. L. *O trabalho pedagógico não docente na escola*: um ensaio de monitoramento. 1995. Dissertação (Mestrado em Educação), Faculdade de Educação, USP.

GUIMARÃES, Ana A., MATE, Cecília H. e BRUNO, Eliane B. G. (Org.). *O coordenador pedagógico e a educação continuada*. São Paulo, Edições Loyola, 1998.

MATUS, C. *Curso de planificação e governo* — Guia de análise teórica. São Paulo, ILDES Editor, 1991.

OLIVEIRA, M. L. R. *A prática reflexiva dos professores e o seu processo de mudança:* um estudo no contexto da formação contínua. 1996. Tese (Doutorado em Supervisão e Formação), Faculdade de Ciências da Educação, Universidade de Aveiro, Aveiro, Portugal.

PACHECO, J. *Contributos para a compreensão dos círculos de estudos*. 1995. Dissertação (Mestrado em Ciências da Educação), Faculdade de Psicologia e Ciências da Educação, Universidade do Porto, Porto.

PLACCO, V. M. N. S. e ALMEIDA, L. R. (Org.) *O coordenador pedagógico e o cotidiano da escola*. São Paulo, Edições Loyola, 2003.

PLACCO, V. M. N. S. O coordenador pedagógico no confronto com o cotidiano da escola. In: PLACCO, V. M. N. S. e ALMEIDA, L. R. (Org.). *O coordenador pedagógico e o cotidiano da escola*. São Paulo, Loyola, 2003.

PRADO, G. V. T. e CUNHA, R. C. O. B. Aprender com a experiência: a produção de quais saberes? *Revista Educação*. Pontifícia Universidade Católica do Rio Grande do Sul. Porto Alegre, RS, v. 58, n. 1, jan./abr. 2006. p. 107-122.

PRADO, G. V. T., CUNHA, R. C. O. B. e MOTA, E. A. Dos conhecimentos e saberes discentes à pesquisa docente: o currículo e o(a) professor(a)-pesquisador(a). *III Colóquio Luso-Brasileiro sobre Questões Curriculares*. Universidade do Minho, Braga, Portugal, 2006. Braga, Portugal, CIED/Universidade do Minho. 482p. p. 396.

ROMERO, T. R. S. *A interação coordenador e professor*: um processo colaborativo? 1998. Tese (Doutorado em Educação), Faculdade de Educação, PUC-SP.

4

O trabalho articulador do coordenador pedagógico: a integração curricular

Moacyr da Silva[1]
moasilva@yahoo.com.br

> A unidade didática, no início, era alguma coisa mais ampla do que 'centro de interesse', do que 'projeto', do que uma porção de novidades (...) Na medida em que os alunos estão aprendendo e desenvolvendo atitudes, ideias, formando valores e não só noções, conceitos, isso é mais amplo do que a facilitação do ensinar.
> (Maria Nilde Mascellani)

Neste texto, fazemos algumas reflexões sobre as funções do coordenador pedagógico e sugerimos algumas propostas para subsidiar sua atuação, principalmente no que diz respeito à sua função articuladora.

A partir da segunda metade do século XX e no limiar deste novo século, os profissionais do ensino têm vivenciado dois grandes desafios: acesso e permanência do aluno na escola e ensino de boa qualidade.

---

1. Diretor do ISE e da Faculdade de Filosofia, Ciências e Letras Oswaldo Cruz. Doutor em Psicologia da Educação pela PUC-SP.

O corpo docente, instigado a enfrentar esses desafios, reivindica o auxílio de outros profissionais. É nesse contexto que a figura do coordenador pedagógico passa a integrar a equipe escolar.

No Estado de São Paulo, os textos legais enfatizam as funções formadoras, transformadoras e articuladoras do coordenador pedagógico.

Como integrante da equipe de direção, cotidianamente esse profissional se depara com uma vasta complexidade e uma gama de dificuldades de suas funções, especialmente em seu papel de articulador das áreas curriculares, uma vez que tal articulação implica o envolvimento das pessoas que atuam na escola.

A observação e a experiência têm demonstrado que, na dinâmica diária da vida das unidades escolares, prevalece o trabalho fragmentado, individual e solitário dos profissionais que nelas atuam. Conforme bem explicita Azanha (2006, p. 96), "não há, geralmente, a tradição de um esforço coletivo para discutir, analisar e buscar soluções no âmbito das escolas".

Apesar de toda a ênfase que se tem dado, no discurso, ao trabalho coletivo, compartilhado, comprometido, não é o que historicamente, ao longo dos anos, se tem constatado na prática.

E, como enfatizam Placco e Silva (2001, p. 27): "(...) ficam cada dia mais evidentes a dificuldade e a ineficácia do trabalho isolado. É em torno de um projeto de escola, com claros objetivos de formação do aluno e do cidadão, que professores, diretores e outros profissionais da Educação devem-se congregar para um trabalho significativo junto aos alunos".

Como concretizar essa função articuladora? Para isso, o coordenador pedagógico precisa traçar um plano de ação que envolva toda a comunidade escolar. Se esse plano não existe, o trabalho do coordenador fica restrito a resolver problemas do dia a dia, o que o leva a uma ação descontínua e sem resultados.

A escola já dispõe de alguns instrumentos que demandam essa ação articuladora. Uma delas, quem sabe a mais importante, é a elaboração do projeto político-pedagógico. Sua construção caracteriza-se em importante exercício de autonomia e implica um instrumento fundamental que nos permite (re)pensar a escola nas dimensões internas e externas.

Os diversos segmentos envolvidos na construção do projeto pedagógico — pais, professores, representantes de alunos, funcionários técnico-administrativos — têm clareza da sua importância para a vida da escola? Têm eles clareza dos objetivos, das metas que devem nortear todas as ações e atividades escolares a curto, médio e longo prazo? Sabem que essas metas e esses objetivos devem ser estabelecidos em função da análise de dados da realidade, do conhecimento da dinâmica interna da escola e de seu entorno? Que alunos temos? Quais são suas necessidades reais, suas crenças, suas expectativas, seus valores? Que cidadãos queremos formar? Como está a participação de pais, alunos, funcionários e professores nos órgãos colegiados — Conselho de escola, APM, Grêmio etc.? Quais são os índices de evasão e repetência? Como está a aprendizagem dos alunos? E a disciplina? Como estão sendo aplicados os recursos?

Qual o papel da escola em determinado contexto e momento histórico? De que instrumentos dispomos e quais podemos criar para obtermos um melhor funcionamento da escola, tendo em vista o perfil dos alunos? Com que profissionais, especialistas e estudiosos poderíamos contar para um melhor funcionamento da escola?

Um ponto central do projeto pedagógico é, sem dúvida, o desenvolvimento do processo ensino-aprendizagem. Que objetivos alcançar em cada ano, em cada componente curricular? Que conteúdos selecionar? Qual a melhor forma de desenvolver os conteúdos? Como avaliar a aprendizagem dos alunos?

Certamente, no processo de discussão coletiva, liderado pelo coordenador pedagógico, cada escola, apoiada nas diretrizes oficiais, pode encontrar seu caminho.

Para melhor sustentação de suas atividades, o coordenador pedagógico e os professores de maneira geral têm hoje os fundamentos apresentados nos Parâmetros Curriculares Nacionais (PCN), que estabelecem diretrizes para a organização curricular do ensino básico e médio. Neles, os educadores vão encontrar os conceitos de interdisciplinaridade e transdisciplinaridade. Nota-se que a interdisciplinaridade questiona a fragmentação e a linearidade do conhecimento e a transdisciplinaridade questiona a alienação e o individualismo no conhecimento. "Ambas são inseparáveis e podem ser postas em prática através do trabalho coletivo" (Kleiman e Moraes, 2003, p. 22).

A interdisciplinaridade implica trabalhar as dimensões social e cultural dos conteúdos, observando-se que cada conteúdo está inserido numa rede de relações. Trata-se ainda do diálogo entre as áreas do conhecimento ou uma intercomunicação das disciplinas entre si, que tem na interdisciplinaridade seu eixo articulador.

Na constituição desse coletivo, o coordenador pedagógico pode exercer a função articuladora para que a inter e a transdisciplinaridade se viabilizem em diferentes projetos em cada unidade escolar.

Pensar a interdisciplinaridade como processo de integração recíproca entre várias disciplinas e campos de conhecimento para alcançar uma visão unitária e comum do saber é, sem dúvida, uma tarefa que demanda um grande esforço da escola.

Uma experiência interessante nessa direção foi a dos Ginásios Vocacionais. Trata-se de um movimento de renovação pedagógica em que a integração curricular era um dos princípios fundamentais. Na década de 1960, os ginásios vocacionais despertavam, e ainda despertam, atenção como escolas da cidadania. Eu era orientador pedagógico do Ginásio Estadual Vocacional João XXIII, no qual ocorreu a experiência que passo a relatar.

O eixo da integração curricular era a Unidade Pedagógica, na qual "o conhecimento era construído a partir de um grande problema da realidade sociocultural. Antecipava-se, assim, a um princípio que só mais tarde viria a se tornar uma variável importante na organização curricular, quanto ao modo de seleção dos conteúdos escolares: os temas da realidade" (Rovai, 2005, p. 56).

Retomo aqui uma unidade pedagógica trabalhada com as sextas séries do Ginásio Vocacional João XXIII, cujo tema desencadeador dos estudos era: "A industrialização do Estado de São Paulo: aspectos positivos e negativos". Esse tema foi proposto pelos próprios alunos, instigados pelos professores de Estudos Sociais

(História e Geografia), numa aula pedagogicamente intitulada de aula plataforma. O que caracterizava uma aula plataforma? Os professores apresentavam uma série de questões ou de porquês, aguçando o interesse dos alunos na busca de informações e na realização de pesquisas para compreender e apresentar respostas ao tema proposto.

É interessante salientar que todos os professores da série participavam dessa aula desencadeadora do processo interdisciplinar. Cada um deles, na sequência, elaborava o planejamento de sua disciplina, delineando os conteúdos que mais contribuiriam para desenvolver e explicar o tema.

Assim, por exemplo, História abordou o período do governo de Juscelino Kubitschek de Oliveira, dando ênfase ao desenvolvimento industrial, em especial das indústrias automobilísticas do grande ABC.

Em Geografia, foram discutidas as questões relativas ao movimento migratório dos estados do Norte, do Nordeste e do sul de Minas Gerais, que contribuiu com a mão de obra tanto para as indústrias como para a construção civil.

Essas disciplinas abordaram também as questões do desenvolvimento urbano sem planejamento, do surgimento das favelas e cortiços, da falta de recursos de infraestrutura: água, eletricidade, esgoto e saneamento básico. E, ainda, os movimentos reivindicatórios por escolas e postos de saúde foram estudados. Com igual ênfase eram trabalhados valores e atitudes de respeito para com a natureza, o uso da água, a poluição dos rios pelas indústrias com o depósito de resíduos químicos, de detritos nos riachos a céu aberto nas favelas, por falta de planejamento urbano e orientação, entre outros. Os problemas eram, assim, tratados em todas as disciplinas, pois refletiam a atitude do homem perante a natureza e a sociedade. Evidenciava-se, já naquela época, a inter e a transdisciplinaridade caminhando juntas, uma vez que tais questões eram consideradas de responsabilidade de todos os educadores.

O entendimento da integração dos conteúdos das disciplinas representava e ainda representa dificuldade na prática dos professores. Podemos citar como um caso frequente os professores de Matemática, que insistiam na observação do que se consagrou como pré-requisitos, quando, na verdade, tratava-se mais de uma sequência dos conteúdos apresentados nos livros didáticos do que de uma questão pedagógica.

Na unidade pedagógica que estamos apresentando, a Matemática, por exemplo, teve um repertório enorme de integração. Podemos destacar os estudos de porcentagens referentes ao crescimento populacional, aos índices de mortalidade infantil, na zona rural e urbana, ao poder aquisitivo com a instituição da política salarial, aumento anual do salário mínimo, das proporções de produção e consumo, os juros nas compras parceladas de produtos. Todos esses conteúdos foram desenvolvidos com a aprendizagem também dos gráficos estatísticos de tabelas, histogramas etc. Vale observar que, atualmente, nas escolas em que há computadores disponíveis, outros gráficos poderão ser aprendidos, utilizados e discutidos.

Em Língua Portuguesa, a leitura e a discussão da obra de Graciliano Ramos, *Vidas secas*, eram planejadas para apresentar aspectos relacionados aos imigrantes e ao êxodo rural, contribuindo assim para a compreensão do tema proposto na unidade pedagógica. De maneira semelhante, outros textos referentes à vida urbana, de autoria, por exemplo, de Mário de Andrade, foram também objeto de estudo.

Cabe ressaltar aqui que todos os professores, em suas disciplinas, estavam trabalhando também Língua Portuguesa, principalmente quando solicitavam sínteses de textos, relatórios de entrevistas com operários, relatórios de estudos do meio etc. Todos os professores assumiam o compromisso do trabalho com a leitura e a escrita, com base na premissa de que essa tarefa é de todos, desde as séries iniciais, num processo contínuo.

Em Educação Artística, as obras de arte do período em discussão foram estudadas em visitas a museus, igrejas etc., e se estabeleciam comparações com outras já estudadas. O mesmo ocorria no tocante à música e ao teatro. Os alunos produziam textos a respeito da realidade constatada nos estudos realizados nas outras disciplinas e apresentavam peças de teatro aos colegas das outras séries e aos pais.

Os professores selecionaram algumas visitas em indústrias e, junto com os relatórios apresentados, os alunos confeccionaram algumas maquetes dos bairros em que as empresas estavam instaladas, representando todos os detalhes do saneamento básico, com diferentes materiais, dando preferência a sucatas e recicláveis. Já naquela época, o respeito às questões ambientais era a tônica.

Oferecia-se, assim, o sabor do processo de construção do conhecimento: contínuo, inacabado. As unidades pedagógicas, com duração de dois meses cada uma, sempre culminavam com uma síntese geral dos dados levantados, representando o conjunto das sínteses organizadas em cada disciplina. Essas sínteses representavam o coroamento da unidade pedagógica. Apontavam diferentes respostas ao problema da unidade e, ao mesmo tempo, sugeriam a abertura para novos temas problematizadores. Da apresentação dessas sínteses, em assembleias, participavam todos os alunos, professores e equipe de direção — orientadores pedagógicos e educacionais e demais funcionários técnico-administrativos.

No ano letivo eram trabalhadas, no mínimo, quatro unidades, que resultavam na apresentação da síntese anual. Esta era apresentada também aos pais e representava mais um momento de aprendizagem muito significativa para todos.

As equipes de alunos, utilizando-se das mais diversas estratégias, dinâmicas de grupo e recursos audiovisuais e, acima de tudo, motivadas, iam, com suas exposições, demonstrando a autêntica paixão pelo conhecimento, pelo desenvolvimento da consciência crítica, no estudo e na compreensão da realidade. Esse estudo se iniciava pelos problemas da comunidade e do município, nas quintas séries, do Estado, nas sextas, do Brasil e do mundo, nas sétimas e oitavas, respectivamente. Num clima de solidariedade, os alunos iam expondo os resultados das diversas pesquisas, explicando conteúdos e, acima de tudo, compartilhando emoções, sentimentos e conhecimentos. Evidentemente, para chegar a essas sínteses, muito trabalho era realizado em cada disciplina: trabalho individual e em grupos, caminhando do estudo dirigido para o estudo supervisionado e deste para o estudo livre.

Esse é um exemplo de como, com o coletivo dos professores e os demais integrantes da equipe de direção, o coordenador pedagógico conduzia todo o processo de integração das disciplinas em torno da temática da unidade. E, ainda, de como os conhecimentos transcendiam os conteúdos disciplinares, explicitando os conceitos de interdisciplinaridade, multidisciplinaridade e transdisciplinaridade, como atuais, para nomear procedimentos de construção coletiva de conhecimento.

O exemplo dado reforça o princípio de que a Unidade Temática representava o eixo integrador, e a interdisciplinaridade contribuía para superar a fragmentação dos conteúdos, favorecendo a relação epistemológica entre as disciplinas.

Tal como propostos hoje, nos Parâmetros Curriculares Nacionais, por meio dos Temas Transversais, era nossa preocupação fundamental a formação de cidadãos críticos, conscientes, criativos, comprometidos com as questões éticas, do meio ambiente e sociais, ou seja, como bem enfatiza Paulo Freire, "com a vocação ontológica do homem... vocação de ser sujeito e as condições em que ele vive: em tal lugar exato, em tal momento, em tal contexto" (Freire, 1980, p. 34).

Atualmente, novas formas de organização curricular se apresentam, principalmente para as escolas de período integral que têm sido criadas em alguns estados. A escola de período integral não pode ser pensada como uma unidade dividida, ensino formal e lazer, mas sim como um projeto político-pedagógico dinâmico, com atividades intrinsecamente organizadas, buscando-se expandir o conhecimento cultural do aluno e promovendo o seu desenvolvimento. São novos desafios para o coordenador pedagógico e toda equipe da unidade escolar.

Nesse sentido, o professor-coordenador ou o coordenador pedagógico é aquele que durante o ano articula a equipe pedagógica em torno do melhor cumprimento do que foi estabelecido no projeto político-pedagógico, coordenando seus diversos desdobramentos: planejamento, acompanhamento e avaliação.

Referências bibliográficas

AZANHA, José Mário Pires. *A Formação do professor e outros escritos*. São Paulo, Ed. SENAC, 2006.

FREIRE, Paulo. *Conscientização — Teoria e prática da liberdade*. São Paulo, Ed. Moraes, 1980.

KLEIMAN. A. B. e MORAES S. E. *Leitura e interdisciplinaridade — Tecendo redes nos projetos da escola*. Campinas, Ed. Mercado das Letras, 2003.

PLACCO, Vera M. N. S. e SILVA, Sylvia H. S. A formação do professor: reflexões, desafios e perspectivas. In: BRUNO, E. B. G., ALMEIDA, L. R. e CHRISTOV, Luiza H. S. (Org.) *O coordenador pedagógico e a formação docente*. São Paulo, Edições Loyola, ²2001.

ROVAI, Esméria (Org.). *Ensino vocacional: uma pedagogia atual*. São Paulo, Ed. Cortez, 2005.

SILVA, Moacyr. *Revisitando o Ginásio Vocacional — um lócus de formação continuada*. Tese de doutorado em Psicologia da Educação. PUC-SP, 1999.

5
A sala de aula como lócus de relações interpessoais e pedagógicas[1]

Vera Maria Nigro de Souza Placco[2]
veraplacco@pucsp.br

Sem perder de vista o significado do contexto social, cultural, político e econômico no desenvolvimento dos sujeitos da educação — professor e aluno —, e sem desconsiderar a dinâmica social e relacional na instituição escolar, este texto pretende analisar as relações que ocorrem em sala de aula enquanto propiciadoras de desenvolvimento de professores e alunos.

Com frequência, discute-se a sala de aula da perspectiva das questões da aprendizagem, do desenvolvimento e das relações humanas e sociais. Essas questões se referem frequentemente a temáticas pontuais, ora do desenvolvimento da criança e do adolescente, ora da sua aprendizagem, ora dos aspectos afetivos e motivacionais da aprendizagem, ora das técnicas didáticas implicadas no processo ensino-aprendizagem. Menos frequentemente,

---
1. Este artigo é uma retomada de Relações interpessoais em sala de aula e desenvolvimento pessoal de aluno e professor. In: *As relações interpessoais na formação de professores.* São Paulo, Edições Loyola, 2002.
2. Professora Doutora do Programa de Estudos Pós-Graduados em Educação: Psicologia da Educação, da PUC-SP.

são estudadas temáticas relacionadas às aprendizagens não curriculares, às questões da comunicação entre os atores do processo ensino-aprendizagem, aos aspectos que são aprendidos em sala de aula — paralelamente ou para além dos conteúdos formalmente desenvolvidos ou planejados.

No trato pontual com a aprendizagem, são propostas explicações de como se dá esse processo, sob a ótica de diferentes abordagens teóricas.

No trato pontual com as questões do desenvolvimento, seja ou não em suas relações com a aprendizagem, também explicações são buscadas, no tocante principalmente à criança e ao jovem, também sob a ótica de diferentes abordagens teóricas.

Na busca das interfaces com a Educação, esses processos são estudados com ênfase nas relações entre professores e alunos, e alunos e alunos, propondo-se explicações para questões de ensino-aprendizagem, desenvolvimento socioemocional e cognitivo dos alunos, relação aluno–conhecimento, entre outras.

Na sala de aula, a especificidade da relação professor–aluno precisa ser mais bem compreendida enquanto aspecto do desenvolvimento dos atores da prática social da educação. Essas relações, ao mesmo tempo pessoais/interpessoais e sociais, têm, em sua origem, a preocupação pedagógica e educativa.

Se, com o objetivo de transmissão da cultura e dos conhecimentos construídos historicamente, uma relação pedagógica se estabelece, sabe-se também que, nessa relação com o mundo e com os saberes, há encontros com os outros e consigo mesmo, o que os leva — alunos e professores —, como sujeitos dessas relações, a extraírem e criarem significados sobre esse mundo e sobre si mesmos (Bruner, 1997, p. 17), e os tornarem seus.

É importante fazer-se um contraponto entre o que, frequentemente, está presente, quando se fala em *relações pedagógicas na sala de aula e relações pessoais/interpessoais e sociais em sala de aula*. No primeiro caso, alguns enfoques teóricos — e mesmo o senso comum — tendem a pensar em temas como organização, sistematização, planejamento, controle de classe, conteúdos curriculares, questionamentos e curiosidades intelectuais, formas de responder a situações novas ou problemáticas, nas áreas de conhecimento, entre outros. No segundo caso, a tendência é pensar-se em questões afetivas, no campo dos desejos, das expectativas, dos motivos, das intenções, das crenças, dos valores, das parcerias, da cooperação, da socialização e até das competições, entre outros.

Esse modo de pensar habitual — o mesmo acontecendo na interpretação de algumas abordagens teóricas — aproxima o conceito de "relações interpessoais" ao de afetos, aceitação, cumplicidade, solidariedade, necessidades e satisfações pessoais, motivos, com ênfase em *pessoas*, enquanto o conceito de "relações pedagógicas" envolveria pensamentos, conteúdos, estudo, esforços, métodos, desafios intelectuais, solução de problemas e respostas pertinentes, com ênfase em *produções intelectuais*.

Sem dúvida que podemos encontrar também interpretações que as propõem como relações unas e complexas, engendradas em movimentos que são humano-interacionais, técnicos e políticos (Placco, 2000).

No entanto, na prática docente em sala de aula, no cotidiano da escola, as ações pedagógicas e as relações professor–aluno são concretizadas, muitas vezes, de forma fragmentada e não sincrônica.

O que se pretende, neste texto, é analisar alternativas a essa visão dicotômica das relações que se dão em sala de aula, enquanto movimento de sujeitos em interação, no qual ambos se desenvolvem como pessoas e interferem no desenvolvimento do outro. Esta análise parte do pressuposto de que cada um dos âmbitos dos sujeitos — pessoal, interpessoal, social, cognitivo, afetivo —, em qualquer interação, está sincronicamente presente e nenhum deles é afetado ou se transforma sem que os outros sejam também transformados. A qualidade da interação estabelecida é fundamental para que a construção e a transformação cognitivo–afetivo–social de cada um dos parceiros ocorram na direção do pleno desenvolvimento de ambos, como pessoas.

Perrenoud (1993) nos fala da docência como uma profissão relacional complexa, em que a pessoa inteira é mobilizada. A cada momento ou em cada ação desencadeada, conhecimentos e afetos são mobilizados e mudanças ocorrem, de parte a parte, nos sujeitos envolvidos na relação. E nos lembra a sala de aula como o lugar da multiplicidade, do improviso, das interações simultâneas e (aparentemente) desconexas, decisões sendo tomadas a cada minuto, pelo professor e pelos alunos, na presença de desafios, alegrias, angústias, desejos, poderes, gostos e desgostos, preconceitos, aspirações — enfim, nas palavras daquele autor, "*nossas entranhas*" (p. 150).

Assim, a ação da escola, como nos lembra Almeida (Mahoney e Almeida, 2000, p. 78), "... não se limita à instrução, mas se dirige à pessoa inteira e deve converter-se em instrumento para seu desenvolvimento...", o qual pressupõe, conforme postula Wallon, a integração entre as dimensões cognitiva, afetiva e motora.

Temos dito que a formação do sujeito se dá no seio da cultura, em parceria e em presença do outro. O que isso significa? Se, por um lado, isso se traduz por uma articulação de saberes, por uma troca, que mobiliza e permeia os processos cognitivos, por outro isso também significa considerar que cada um, nessa interação, expõe seus pensamentos, seus modos de interpretar a realidade, suas perspectivas de ação e reação, seus motivos e intenções, seus desejos e expectativas — seus afetos, enfim. E essa exposição afetiva se encontra e se embate com os pensamentos, modos de interpretação, sentimentos, reações e motivos do outro. Nesse encontro, ocorrem transformações que constituem ambos os sujeitos da relação como identidades separadas, ao mesmo tempo em que imbricadas com o ambiente social e cultural de que proveem e no qual estão.

É nesse sentido que fala Vigotski, de interações sociais promotoras de desenvolvimento, interações como experiências de aprendizagem, nas quais as funções psicológicas superiores do indivíduo e aquilo que já é conhecido e consolidado nele podem se movimentar, em sua materialidade, por meio da internalização, na direção da construção de um conhecimento de maior grau de profundidade e generalidade e de ampliação dessas funções psicológicas superiores. Assim, as interações têm repercussão significativa na aprendizagem e no desenvolvimento dos sujeitos delas participantes. Segundo esse autor, nas e pelas interações, internalizamos os produtos da cultura (crenças, valores, conhecimentos) — nos apropriamos deles, tornando-os nossos. Esse processo de internalização — trazer para o plano intrapsicológico aquilo que é interpsicológico, por meio de um processo de mediação semiótica —, está na base da constituição do sujeito — enquanto sua consciência, seu conhecimento, seus valores e crenças (Carvalho, 2002). As teses desse autor nos referenciam a aspectos importantes das relações que se estabelecem em sala de aula e das significações que ali são construídas: a relação pensamento/ linguagem, o processo de formação de conceitos cotidianos e científicos, a relação aprendizado/desenvolvimento, o significado e a amplitude do conceito de zona de desenvolvimento proximal (Carvalho, 2002) e o significado dialético e complexo que impregna e constitui essas relações. Esses conceitos, discutidos pelo autor e por estudiosos brasileiros, podem ampliar nossa compreensão sobre as relações entre professor–aluno e aluno–aluno, em sala de aula, na medida em que compreendemos também os significados culturais e sociais que as suportam e explicam, e o papel de mediador semiótico representado pela linguagem — e portanto, o significado da comunicação —, nesse processo de constituição recíproca dos sujeitos. Há um sentido de parceria e cumplicidade nessa troca interpessoal, na qual a construção e a transformação do conhecimento ao mesmo tempo constroem e transformam os sujeitos da relação.

Habilidades de relacionamento interpessoal e social são, como tantas outras, aprendidas e desenvolvidas no viver junto, e dessa aprendizagem ninguém sai igual: mudanças são engendradas no nível da consciência, das atitudes, habilidades e valores da pessoa, assim como no grau e na amplitude de seu conhecimento e do trato com esse conhecimento, com a cultura — e assim processos identitários se constroem. Mecanismos como a comunicação e a linguagem estão na base dessa construção e podem ser seus facilitadores ou obstáculos.

Esse é um primeiro entendimento e explicação possíveis dessa relação professor–aluno e aluno–aluno, na prática docente. Mas, se formos à busca de outro modo de entender e explicar esses movimentos relacionais, encontramos em Wallon um auxiliar importante.

Na medida em que o desenvolvimento da inteligência e da afetividade ocorre de maneira simultânea/alternada, com predomínio e alternância entre o par razão/afeto, faz-se necessário que o professor esteja atento às demandas explicitadas — ou implícitas — que os alunos expressam quanto às suas necessidades cognitivas, afetivas ou sociais. Nesse movimento, o aluno aprende a lidar, seja no plano cognitivo, seja no afetivo, com suas possibilidades cognitivas e afetivas de domínio de si e do mundo. Nas relações pedagógicas e pessoais, em sala de aula, podemos identificar a alternância de direções dialeticamente opostas de desenvolvimento, conforme Wallon explicita: movimento para dentro, para conhecimento de si — com predominância do afetivo —, e movimento para o mundo exterior — com predominância do cognitivo. Ambos, cognitivo e afetivo, têm como suporte a atividade motora, e o movimento de integração dessas três dominâncias possíveis torna cada vez mais diferenciados, precisos e coordenados os pensamentos, os sentimentos, as ideias, articulados no tocante às solicitações do meio e às intenções das pessoas (Mahoney, 2000, passim). É nesse sentido que as relações entre professor–aluno e aluno–aluno, em sala de aula, garantem a "sobrevivência cultural... (desse aluno)... pela apreensão de valores, instrumentos, técnicas, crenças, ideias e afetos predominantes na cultura" (Mahoney, 2000, p. 15). E, nesse processo, as informações decorrentes dessas relações se organizam em "categorias referentes ao mundo externo e referentes a si mesmo, ao tomar (a pessoa) consciência de si" (Mahoney, 2000, p. 15).

Como se pode observar, pelas maneiras diferentes — e ao mesmo tempo tão próximas — de nos referirmos aos processos decorrentes das trocas/relações entre professor–aluno e aluno–aluno, na sala de aula, os acontecimentos/eventos desse espaço envolvem as pessoas em sua totalidade, com afetos, desejos, valores e cognições, e as transmutam em suas essências, estabelecendo-se, em cada uma delas, marcas indeléveis — ao mesmo tempo que flexíveis — que as constituem como pessoas e indivíduos únicos. O olhar a essas relações, assim, só pode ser aquele que, mesmo contemplando, em dado momento, uma face do processo, só o compreende em seu todo e em seu movimento integrado e integrador. Essas relações são marcadas por serem engendradas em movimentos políticos, humano-interacionais e técnicos; por serem criadoras de significados pessoais e culturais, que possibilitam a estruturação de si e do outro, o desenvolvimento da consciência de si, em situações de interação e aprendizagem significativas, em parcerias nas quais afeto e razão estão em simultaneidade e alternância, mobilizando, construindo e constituindo a pessoa inteira.

Em outro momento de nossos escritos, utilizamos o conceito de consciência da sincronicidade para explicitar os processos internos presentes nos educadores, em sua prática. As relações pessoais e pedagógicas na sala de aula incluem dimensões técnicas e humanas, presentes no conceito de sincronicidade, que pode ser descrito

> como a ocorrência crítica de componentes políticos, humano-interacionais e técnicos, que se traduz em sua ação, ocorrência essa que gera movimento que é ação de e entre professor–aluno–realidade. Esse movimento engendra novas compreensões da totalidade do fenômeno educativo, no qual há reestruturação contínua e consistente em todos, em cada um e na relação entre esses componentes, na medida em que se define e redefine um projeto pedagógico coletivo (Placco, 2002, p. 17 e 18).

Assim, além de utilizar o conceito como uma forma de interpretar a ação do professor ou explicar o movimento na ação do professor, a sincronicidade é alocada na "pessoa" do professor e, consequentemente, inclui a possibilidade de "consciência" dessa sincronicidade (Placco, 2002, p. 18).

Esse movimento interno descrito incluiria um conjunto de componentes, aos quais chamei dimensões que estariam em contínuo processo de coocorrência (daí a sincronicidade), no qual qualquer interferência em qualquer desses polos geraria interferência nos demais. O movimento interno do professor, em sua prática docente, traduziria uma intencionalidade que, engendrada junto às intencionalidades de seus alunos, possibilitaria relações pedagógicas e pessoais significativas, seja do ponto de vista cognitivo (Ausubel), seja do ponto de vista pessoal e afetivo (Rogers).

A reflexão do professor sobre sua própria prática docente estaria na base das transformações das relações entre essas dimensões e na base da transformação das relações pedagógicas e pessoais com seus alunos, na sala de aula. Assim, esse processo interno — a sincronicidade — será mediador na ação pedagógica e na mudança da prática docente, na medida em que for ampliado e ressignificado em processo consciente e crítico.

Não se tem como objetivo, neste espaço, desenvolver o que significa esse processo de tomada de consciência da sincronicidade, já bastante clareado em Placco (2002). No entanto, para a finalidade desta discussão quanto ao papel desse conceito nas relações entre professor e aluno, faz-se necessário ressaltar a presença da sincronicidade no professor e as possibilidades de o professor tomar consciência das dimensões envolvidas em sua prática.

Essas dimensões, por mim nomeadas políticas, humano-interacionais e técnicas, presentes sincronicamente no professor, cada qual envolvendo conhecimento, habilidades e atitudes, estão em construção e integração contínuas. No entanto, a sincronicidade é

> vivida em um jogo sutil de presença/distanciamento, em que os desníveis mínimos entre as dimensões, a cada momento, tornam-nas distintas entre si, uma ou duas em relevo em relação à(s) outra(s) (Placco, 2002, p. 19),

sem que se quebrem ou neguem as relações de significado que as unem:

> Ao mesmo tempo, estão interagindo em uma estrutura dinâmica em que há reafirmação, negação e superação de todas e cada

uma, a cada momento e em diferentes momentos da prática do professor" (Placco, 2002, p. 20).

Se, em diferentes momentos e a cada momento, há relevos de uma dimensão sobre as outras, sem que se perca o movimento dinâmico entre elas (Placco, 2002, p. 22), há, no entanto, momentos da prática do professor em que os desníveis entre elas se tornam muito grandes, com relevo excessivo e persistente de uma das dimensões sobre as demais, acarretando contradições em seu discurso e/ou em sua ação.

Em que medida o educador tem consciência da presença simultânea das três dimensões? Em que medida avalia o significado dessa presença simultânea e do relevo relativo que atribui a cada uma delas, a cada momento? Em que medida percebe esse relevo ligado a um contexto social, político, ético ou afetivo? Sem a consciência crítica dessas e de outras dinâmicas da escola, do ensino, da sala de aula, um bom ensino e uma boa escola não poderão ser alcançados (Placco, 2002, p. 22).

Enfim, percebe-se a possibilidade do conceito de sincronicidade — e a sua consciência — ser um instrumento útil para compreensão das relações que ocorrem em sala de aula. Esse conceito, por incluir dimensões da pessoa inteira, possibilita a mobilização do professor quanto à sua responsabilidade no estabelecimento dessas relações, ao mesmo tempo em que mostra a necessidade de autonomia e parceria dos professores e alunos no processo ensino-aprendizagem, no aprimoramento das relações pessoais, intra e intergrupais. Assim, nessas relações, há a possibilidade do desenvolvimento de hábitos de estudo e pensamento de professor e alunos, da formação dos alunos no âmbito cognitivo e das questões de seu momento de desenvolvimento (sexualidade e prevenção ao uso indevido de drogas, por exemplo), da formação científica contínua. Pelas relações com seus alunos, o professor expressa seu conhecimento e compromisso com seu desenvolvimento social, emocional e cognitivo, nas diferentes faixas etárias. O aprimoramento dessas relações pode e deve possibilitar a construção de um espaço individual e coletivo de desenvolvimento de cada um — alunos e professores. Assim, as dimensões da sincronicidade são aspectos a serem mobilizados e transformados na prática docente, sem perder de vista que não se organizam ou se estabelecem linear ou hierarquicamente, mas se relacionam e inter-relacionam na complexidade do humano.

É na interlocução e no confronto cotidiano das relações em sala de aula que essa complexidade do humano pode estar em movimento contínuo de reorganização. O confronto com os outros, consigo mesmo e com a mudança tem também um papel essencial no estabelecimento dessas relações, pois convoca especialmente o professor a "um repensar e reposicionar sua consciência da sincronicidade" (Placco, 2002). O confronto com a experiência de mudança do outro, com os questionamentos trazidos à prática docente, às posições pessoais e aos valores, o encarar a própria mudança, no decorrer do trabalho cotidiano, são aspectos decisivos para a ampliação e o questionamento da própria sincronicidade consciente. "O confronto com a mudança não é algo tranquilo e nem ocorre sem resistências" (Placco, 2002). A busca de justificativas ao trabalho para que fique como está, a não percepção de ocorrências da prática e da necessidade de mudanças a serem introduzidas nessa prática são processos de alienação contrários ao movimento da consciência e do confronto, são contingências da própria vida, do cotidiano. "Mas, ou há movimento de busca de superação desta alienação — mesmo que momentânea e reconhecida como tal — ou não há possibilidade de consciência crítica" (Placco, 2002, p. 114).

Assim, haverá sempre, nas relações cotidianas, um movimento que envolve idas e vindas, circularidades, saltos, evoluções e retrocessos, no tempo e no espaço em que essas relações se realizam. Nesse movimento é que se pode identificar e confrontar a consciência da sincronicidade dos educadores, "... sabendo, contudo, que qualquer mudança não é definitiva, mas indicativa de tendências" (Placco, 2002, p. 115).

O professor não pode perder de vista a tarefa de formação de um ser humano crítico e capaz de intervenções na realidade, que participe da sala de aula na direção da identificação de seus processos de consciência: quanto à realidade social, à prática da escola, à consciência de si mesmo. O professor não pode ainda perder de vista a identificação e a aprendizagem dos mecanismos que lhes possibilitem superar responsável e criticamente a alienação decorrente do movimento do cotidiano, para que este seja "... referência imprescindível para a construção da consciência crítica" (Placco, 2002, p. 115).

Assim, as dimensões da sincronicidade podem se revelar e integrar, na compreensão ampliada de si mesmo, do processo de ensino e aprendizagem e das relações sociais da e na escola, como "movimento de construção do conhecimento e do pensamento do professor e do aluno, ao mesmo tempo em que se vivencia a docência como prática social..." (Placco, 2002, p. 116). E essa imersão do educador na própria prática e na prática social é ponto de apoio para a concretização e ampliação da consciência crítica da própria sincronicidade.

Finalizando, é importante questionar a pertinência do uso das expressões: "relações pessoais" e "relações pedagógicas", frequentemente usadas quando se trata da sala de aula. Na realidade, a expressão "relações pedagógicas" deveria ser suficiente para transmitir o significado do processo ensino-aprendizagem e da prática docente relacional que ocorre em sala de aula. Pela nossa compreensão, pelos argumentos que identificamos e arrolamos neste texto, não há possibilidade de se compreender relações pedagógicas que não expressem, incluam, revelem e garantam relações pessoais significativas entre os atores na sala de aula. No entanto, por que utilizamos a expressão "relações interpessoais" no título deste texto? Acreditamos não ser demais repetir que, em função de aportes teóricos que não contemplam essas relações, em suas explicações dos processos de aprendizagem e de ensino em sala de aula; em função de nossas experiências históricas com a relação e a influência da Psicologia da Educação na Educação; em função de preconceitos pseudo-acadêmicos para com as referências ao afetivo, confundindo-o com pieguice e atitudes *laissez-faire*, é muito frequente que esse sentido amplo, já contido na expressão "relações pedagógicas", se perca, não marcando com a devida relevância e urgência a necessidade de os educadores compreenderem as salas de aula como lugar de conhecer o aluno, suas necessidades e demandas, como encontro de pessoas, com intenções e possibilidades quase infinitas de mudança (Carvalho, 1999, p. 17, citando Steedman, 1987, se refere a mudança infinita), e tomarem consciência dessa sincronicidade presente em todas e cada interação — sincronicidade da razão e do afeto — para que possa concretizar seus compromissos de educadores.

Um aspecto de que não tratamos aqui — e que poderá ser tratado em outro texto — se refere às relações do professor com ele mesmo. Carlos Marcelo Garcia (1999) se refere ao que chama teoria das preocupações dos professores (não desenvolve esse conceito, nem oferece maiores referências bibliográficas). No entanto, essa temática nos faz presente que o professor, ao lado de suas preocupações e compromissos com tomadas de decisões sobre preparo de aulas, estudo, definição do conteúdo, organização de sala, proposição de métodos e técnicas de aprendizagem em sala de aula, correção de trabalhos e preenchimento de formulários e relatórios administrativos (burocráticos) (e tantas outras questões de sua prática docente), preocupa-se e envolve-se com seus alunos, com suas dificuldades, com sua vida, com suas relações, com as solicitações afetivas que permeiam a sala de aula. Envolve-se também com seus colegas, com os gestores da escola e traz para a sala de aula sua vida pessoal e o momento histórico que vive e que vive a sociedade. Carvalho (1999) e Codo (1999), em seus relatos de pesquisa, nos reafirmam que a solicitação emocional vivida pelos professores é traduzida frequentemente em esgotamento, cansaço, desgaste, desilusão etc. Codo se utiliza da palavra *burnout* para expressar uma síndrome decorrente das experiências do professor em sua profissão. Negar que esse quadro afetivo não tenha consequências nas relações pedagógicas em sala de aula, na prática docente do professor, é idealizar a prática docente, não a percebendo na realidade cotidiana das escolas brasileiras.

Referências bibliográficas

ALARCÃO, Isabel. Dimensões de Formação. In: *Formação contínua de professores: realidades e perspectivas.* Aveiro, Universidade de Aveiro, 1991.

ALMEIDA, Laurinda R. de. O relacionamento interpessoal na coordenação pedagógica. In: ALMEIDA, L. R. e PLACCO, V. M. N. S. (Org.). *O coordenador pedagógico e o espaço da mudança.* São Paulo, Edições Loyola, 2001.

BRUNER, Jerome. *Atos de significação.* (Trad. Sandra Costa.) Porto Alegre, Artes Médicas, 1997.

CARVALHO, M. P. Ensino, uma atividade relacional. São Paulo, Ação Educativa/ ANPEd, *Revista Brasileira de Educação*, n. 11 (mai./jun./jul./ago. 1999) 17-32.

CARVALHO, M. G. T. *A Lei Genética Geral do desenvolvimento cultural em Vigotski e em autores brasileiros.* São Paulo, PUC-SP (Tese de Doutorado), 2002.

CODO, W. (coord.) *Educação: carinho e trabalho.* Petrópolis, Vozes/Brasília, CNTE: Universidade de Brasília, 1999.

GARCIA, Carlos Marcelo. *Formação de professores para uma mudança educativa.* Porto, Porto Editora, 1999.

MAHONEY, Abigail A. e ALMEIDA, Laurinda R. (Org.). *Henri Wallon: Psicologia e Educação.* São Paulo, Edições Loyola, 2000.

PERRENOUD, Philippe. *Práticas pedagógicas, profissão docente e formação.* Lisboa, Publicações Dom Quixote, 1993.

PLACCO, Vera M. N. S. *Formação e prática do educador e do orientador.* Campinas, Papirus, [5]2002.

PLACCO, Vera M. N. S. e SILVA, Sylvia H. S. (2001). A formação do professor: reflexões, desafios e perspectivas. In: BRUNO, E. B. G., ALMEIDA, L. R. e CHRISTOV, Luiza H. S. (Org.). *O coordenador pedagógico e a formação docente.* São Paulo, Edições Loyola, [2]2001.

PLACCO, Vera M. N. S. *Psicologia da Educação e prática docente: relações pessoais e pedagógicas em sala de aula.* Goiânia, XI ENDIPE — Encontro Nacional de Didática e Prática de Ensino, maio 2002.

PLACCO, Vera M. N. S. Formação de professores: o espaço de atuação do coordenador pedagógico-educacional. In: FERREIRA, Naura S. C. (Org.). *Para onde vão a Orientação e a Supervisão Educacionais?* Campinas, Papirus, 2002.

TAVARES, José. *Uma sociedade que aprende e se desenvolve. Relações Interpessoais.* Porto, Porto Editora. Coleção CIDINE, 1996.

6
Laços se formam a partir de nós
Coletivos que reconfiguram o trabalho da orientadora pedagógica na escola pública

Adriana Stella Pierini[1]
adstpier@globo.com
Ana Maria Falcão de Aragão Sadalla[2]
anaragao@terra.com.br

(...) Querendo, pode ser possível mergulhar na floresta de capilares sem se machucar muito. É necessária, entretanto, uma busca atenta, a fim de que se determine um pequeno ponto aberto, uma falha no tecido, um descuido no enredo. Por aí se penetra e, confeccionando-se cuidados contínuos, atravessa-se para o outro lado de onde se pode divisar o avesso. Parece, contudo, que pela extrema periculosidade de tal empresa ninguém ainda lhe trilhou o possível fazer.

(Lacerda, 1986, p. 33)

---

1. Pedagoga. Mestre em Educação. Orientadora Pedagógica da Rede Municipal de Educação de Campinas. Professora Universitária da Rede Anhanguera Educacional — Unidade FAC III-Campinas. Autora da Dissertação de Mestrado que resultou neste artigo.
2. Psicóloga. Doutora em Educação. Pós-Doutorada em Educação pela Universidade de Aveiro (Portugal). Docente do Departamento de Psicologia Educacional da Faculdade de Educação da Universidade Estadual de Campinas (UNICAMP). Orientadora da Dissertação de Mestrado que resultou neste artigo.

A proposta é a de narrar o que se conseguiu capturar, do lugar de orientadora pedagógica[3] da Escola Municipal de Ensino Fundamental Padre Francisco Silva[4], sobre os momentos experimentados nas relações tecidas com e entre os muitos sujeitos que constroem o cotidiano de uma escola pública.

Fundamentando-nos nos pressupostos de que os sujeitos se formam constantemente na interação com o outro, enfatizamos a afirmação (e reafirmação) do trabalho coletivo como espaço de formação, objetivando analisar, com base na multiplicidade das experiências cotidianas, a (re)configuração do trabalho da orientadora pedagógica investigando as características e os elementos constitutivos desse processo.

Ao caminhar por entre tempos e espaços da escola em busca de elementos que me possibilitassem apurar o olhar sobre a constituição da minha identidade profissional na trama dessas relações, fui sendo atraída por determinado tempo/espaço de atuação para coletar as tais pistas, elegendo aquele destinado às reuniões de Trabalho Docente Coletivo[5] (TDC): tempo caracterizado pela tentativa de resolver uma rotina que parece sempre mal resolvida...

Tempo em que se poderia fazer tudo e fazer nada.

Tempo composto por pautas quase sempre muito extensas e pela urgência de demandas.

Tempo real e significativo da rotina da escola, do cotidiano do professor.

Tempo que se caracterizava muitas vezes "por situações de escuta por parte dos professores e não escuta aos professores" (Torres, 1994, p. 140).

Tempo de laços e de nós.

---

3. A terminologia "orientadora pedagógica" é utilizada na Rede Municipal de Ensino de Campinas-SP, para designar a função equivalente à da coordenadora pedagógica, expressão utilizada na maior parte do país.

4. A Escola Municipal de Ensino Fundamental Padre Francisco Silva localiza-se na região noroeste da cidade de Campinas-SP, e atende atualmente aproximadamente quinhentos alunos do 1º ao 9º ano do ensino fundamental.

5. Trabalho Docente Coletivo é a denominação do tempo de 2 horas-aula semanais que compõem atualmente a jornada semanal do professor e que se destinam a reuniões em grupos na escola, sendo a responsabilidade por sua coordenação da OP.

Convicta da necessidade de reolhar atentamente para essas reuniões é que me lancei ao desafio de explicitar algumas considerações sobre elas, apontando entraves e possibilidades para a constituição desse tempo/espaço coletivo como tempo/espaço de formação.

Muitas vezes o coletivo põe embaixo do tapete as singularidades, as individualidades. Pasteuriza. Mascara. Sugere uma unidade de pensamento, um consenso, um posicionamento coletivo que nem sempre existe de fato (Soligo, 2006)[6].

Apropriar-me-ei da denúncia instigante de Soligo para representar, ao menos em parte, os motivos da minha opção por investigar o irrequieto e inquietante espaço do Trabalho Docente Coletivo (TDC).

Outra justificativa fica por conta do incômodo que me afeta sobremaneira ao constatar quanto o TDC pode-se configurar num espaço para tudo e, ao mesmo tempo, para nada, apontando-me constantemente a necessidade de se garantir uma diretriz nas discussões que aí ocorrem para que não sejamos vítimas da perversidade da autonomia...

Sobre a constituição do grupo de professores num espaço como esse, Souza (2003) afirma que o grupo interfere na atividade do professor, ainda que seja considerada a individualidade de cada integrante dele, apontando, entretanto, a necessidade da intervenção do coordenador para que seja desenvolvido um trabalho que possibilite a "superação das fragmentações", um trabalho coletivo. Elenca, ainda, alguns elementos fundamentais como: a organização de horários compatíveis com as possibilidades de cada integrante para o estabelecimento dos encontros que devem se pautar por determinada regularidade; o planejamento do coordenador que deve ser realizado a partir de sua leitura sobre as necessidades do grupo; a ponderação sobre quais temas priorizar

---

6. Texto produzido por Rosaura Soligo: "Algumas ideias sobre o grupo como espaço formativo", socializado com os integrantes do GEPEC — Seminários de Pesquisa, em abril de 2006.

tentando antecipar a reação provocada no grupo dependendo do tema proposto; a necessidade do estabelecimento de objetivos comuns e a dimensão facilitadora do trabalho do coordenador incentivando o registro, facilitando a expressão de cada um e garantindo a participação de todos.

Sinto minha lembrança provocada pela autora quando trata do cuidado que o coordenador deve ter com a forma como favorecerá o desenvolvimento dos objetivos propostos pelo grupo...

> É preciso muito cuidado para abordar com os professores questões relativas à atividade docente. Não se podem apontar os erros diretamente, antes da construção de vínculos. Só quando os vínculos estão estabelecidos é que se torna possível lidar com as críticas, expor os não saberes, confrontar-se com as falas (Souza, 2003, p. 29).

...e, ainda, quando denuncia algumas características vivenciadas pelo grupo que podem sinalizar que ele ainda não é um grupo:

> Quando um grupo é um "amontoado" de pessoas, cujo sonho é a homogeneidade (somos todos iguais), seus componentes só buscam a semelhança; então, ou se concorda em tudo, ou não é um grupo. As diferenças, nesse momento, são vistas como "traição", acirrando o medo do confronto (Souza, 2003, p. 33).

A autora confirma a importância da ação do coordenador de modo a intervir nessa estrutura para que as diferenças sejam expressas e trabalhadas igualmente, garantindo, portanto, a participação de todos, controlando os mais falantes e dando voz aos mais silenciosos. Aqui, refletindo sobre minha atuação na coordenação das reuniões de TDC, eu adicionaria o grande desafio de controlar minha própria ansiedade para ouvir mais e cuidar para não intervir antes da hora...

A partir da recomendação da autora, relembro algumas discussões que tínhamos, nas reuniões de assessoramento[7] entre as

---

7. As reuniões de assessoramento fazem parte da carga semanal de trabalho da orientadora pedagógica, constituem-se de momentos semanais com duração

OPs, sobre a necessidade do estabelecimento dos vínculos, da sedução, do convencimento, do ganhar a confiança primeiro para depois intervir, e problematizo: ganhamos confiança para depois fazermos as intervenções? Ou são as intervenções que constroem a confiança? Identifico quão tênue é a linha que separa posições sobre a intervenção da OP...

O desafio é fazer do TDC um espaço de constituição de vínculos.

A constatação é ser intrigante esse espaço de contradição, legitimado para o diálogo entre pares, que, em muitas ocasiões, silencia.

Relembro que, numa ocasião em que recebemos na escola a visita de uma colega orientadora pedagógica de uma unidade de educação de jovens e adultos para socialização sobre o trabalho lá desenvolvido[8], interessei-me por saber em quais espaços os professores se reuniam para planejar, discutir e elaborar algumas das atividades lá desenvolvidas. Ela nos explicou que havia outro espaço que não o TDC, do qual não participava nem ela nem outro integrante da equipe de gestão: no TDC não dá muito para fazer isso...

No encontro, comunguei com a fala de Aimar minhas tentativas frustradas de não conseguir possibilitar que o TDC

> pudesse ser apropriado de verdade pelos professores para troca de ideias, pesquisa de materiais, elaboração de atividades sobre o tema gerador do semestre... Por que isso não aconteceu? (...) Se é autonomia dos professores que busco possibilitar, por que ela não é exercitada? Por que, especificamente nos TDCs que é um espaço criado, legitimado para planejamento, discussão,

---

de 4 horas e são coordenadas, na maior parte das vezes, pelos coordenadores pedagógicos e/ou consultores. Atualmente, essas reuniões semanais são denominadas Reuniões de Trabalho e, na maioria das vezes, são realizadas de forma descentralizada (por regiões).

8. Profa. Aimar Shimabukuro, orientadora pedagógica da Rede Municipal de Ensino de Campinas, que foi à escola para socializar as experiências no CEMEFEJA "Paulo Freire", em junho de 2005.

elaboração do trabalho em sala de aula, estas coisas efetivamente não acontecem? O que há de equivocado em minha prática que pode estar impedindo que as pessoas "que fazem acontecer em sala de aula" não se utilizem deste tempo/espaço de modo a otimizar seu trabalho com os alunos, de modo a tecer realmente um trabalho interdisciplinar? Por que será que preferem a hora do café ou as conversinhas rápidas para fazerem estas trocas? O que tem/não tem este espaço que o faz, às vezes, tão vazio de significado da prática docente?[9].

Atentei para as ideias de Fontana (2000) quando aponta a postura de formadores de professores que atribuem aos professores o fracasso da educação e, citando Vigotski, reafirma a autonomia como produto da atividade compartilhada:

> O silenciamento, o isolamento e a solidão no trabalho não impedem apenas o fazer junto na escola. Minando a construção de confiança no outro, como parceiro, dificulta-se, também, a construção da confiança em nós mesmos, como profissionais, uma vez que a confiança no próprio trabalho está geneticamente ligada ao aprender a analisar junto com o outro o trabalho produzido, para poder refletir sobre ele autonomamente e definir-lhe rumos e nuances (Fontana, 2000, p. 119).

Alternadas a esses incômodos, trago à memória algumas das muitas cenas que revelam pequenas sutilezas do cotidiano do tempo/espaço de TDC, que vêm me contando desse lugar, que vêm me falando de suas pessoas, e reconheço, em algumas vivências

---

9. Relato do encontro do GT1, do projeto *Escola singular; ações plurais*, de 20/06/05, elaborado por mim. O Projeto *Escola singular; ações plurais* é coordenado pela Prof.ª Dra. Ana Maria Falcão de Aragão Sadalla, com a participação do Prof. Dr. Guilherme do Val Toledo Prado, ambos professores da Faculdade de Educação da Universidade Estadual de Campinas (UNICAMP). Essa proposta, apoiada pela Fundação de Amparo à Pesquisa do Estado de São Paulo (FAPESP), tinha e tem como objetivo promover o processo de reflexividade docente por meio de discussões coletivas e de sua fundamentação teórica, na busca da superação dos dilemas cotidianos.

que tivemos, quão importante é dar oportunidade para o exercício da voz, da escuta, da reflexão, da exposição, da coordenação, pautar a organização dos espaços de formação nos princípios de construção da autonomia dos profissionais da escola.

Abandono, ainda que momentaneamente, o TDC para reconhecer quanto o fato de estarmos integrados à universidade por meio do desenvolvimento do projeto *Escola singular: ações plurais*, partilhando das mesmas concepções sobre o trabalho do professor, sobre o trabalho da escola, também vem instigando professores a se apropriarem de sua docência.

Em seu trabalho de análise sobre as crenças dos professores, Sadalla, Saretta e Escher (2002) concluem que

> Quanto mais clareza o docente tiver não só de seus pressupostos, mas também de sua visão de homem, mundo, educação e processo ensino-aprendizagem, melhores serão suas possibilidades de atingir suas metas e seus objetivos. O conhecimento das crenças docentes e das relações destas com as suas ações poderá, portanto, viabilizar efeitos positivos e duradouros no processo ensino-aprendizagem, beneficiando não só os alunos, mas também os próprios professores (2002, p. 108).

Percebo, assim, que as ações desenvolvidas nas reuniões do projeto entretecidas às que acontecem nos demais espaços de discussão em grupos na escola (TDC, RPI[10], reuniões de integração entre professores da mesma série/ciclo) garantiram não só a valorização do nosso trabalho, mas também possibilitaram a reinvenção de alguns valores e de algumas crenças ao legitimar seu caráter coletivo.

Recuperei, inclusive, o exercício deliciosamente difícil de registrar por escrito nossas ideias e as dos outros nesses espaços, que intensamente foi nos constituindo em sujeitos de nossa ação,

---

10. São denominadas Reuniões Pedagógicas e de Integração (RPIs) as reuniões que acontecem com frequência bimestral/trimestral, previstas em calendário escolar, com a participação de toda a equipe escolar e que objetivam discutir questões de caráter geral da escola.

produtores de conhecimento sobre nossa prática[11]. Bom é registrar para expressar, para tomar nas mãos o que se revela de cada um e torná-lo de todos, para materializar o revelado. Bom é registrar e trazer à tona fragmentos de momentos em que cada um se afirma ao afirmar suas verdades, em que cada um ouve as verdades do outro, melindra-se com elas, incomoda-se, inquieta-se, traz para o outro sua inquietação, fala, publica suas convicções, se revê ao rever o outro.

Volto a pensar nos espaços de TDC... Penso no que se produz/não produz nesse tempo/espaço quando cavamos possibilidades para que exercitemos a fala, a escrita, o pensar junto, a expressão de outros jeitos. Inquieto e inquietante espaço de Trabalho Docente Coletivo que poucas vezes assim se configura... Tempo/espaço tão permeado de questões referentes à constituição no(s)/do(s) grupo(s), às relações entre os sujeitos, aos entraves pessoais e institucionais, ao confronto das expectativas e dos desejos das pessoas que estão nele envolvidas e à criação de condições para a superação das dificuldades, condições que podem e devem ser (às vezes são...) criadas e recriadas no próprio grupo para darem legitimidade às ações, autoria aos sujeitos.

Talvez seja também por isso que o escolhi como cenário para (me) investigar, para aí buscar indícios do como se (re)configura o trabalho da OP.

Nos muitos diálogos que fui estabelecendo no decorrer deste trabalho, deparei-me com uma produção de Furlanetto (2000) em que são discutidas algumas ideias sobre a formação continuada de professores e o papel do coordenador pedagógico. Nesse trabalho, a autora discorre sobre as transformações que vêm ocorrendo nos estudos sobre a formação de professores:

> Modelos antigos, pautados em treinamentos ou em cursos esparsos, que desconsideram a prática docente, têm sido questionados. Projetos de formação que percebem o professor como um ser

---

11. A prática do registro exercitada nas reuniões de TDC foi sendo intensificada de forma mais reflexiva a partir das vivências no Projeto *Escola singular: ações plurais*.

genérico, destituído de singularidade, de saberes, de crenças e de sonhos pessoais têm se mostrado ineficazes. (...) Cada vez mais, é enfatizada a necessidade de que o próprio professor assuma uma atitude reflexiva diante de sua prática. O exercício da dúvida, do questionamento e da busca de novas possibilidades parece ser condição necessária para colocar a prática docente em movimento. O professor-copista parece ceder lugar ao professor-investigador (p. 85).

A autora engata a esse contexto a questão do papel do coordenador pedagógico, relatando os modelos que se apresentaram referentes ao trabalho desse profissional. Mediante o recurso de metáforas, conseguiu identificar na fala dos coordenadores os que assumem o gerenciamento e as responsabilidades pela maioria das emergências da escola; os que necessitam registrar e arquivar, caracterizando-se por procedimentos essencialmente burocráticos; os que se preocupam com as questões interpessoais, pondo-se no lugar de quem escuta as queixas cotidianas; e os que se definem como "comprometidos com o tempo tarefeiro da escola, o que impede a reflexão e a criatividade" (p. 86).

Indica que a falta de tempo é apontada inicialmente pelos coordenadores como fator que impossibilita ou dificulta a reflexão sobre suas práticas, mas que a dificuldade velada se encontra na indefinição de sua atuação na escola:

> Por não ter clareza de seu papel, deixavam-se engolir pelo dia a dia. Percebíamos que muitos reagiam em vez de agir. Seu trabalho era definido, na escola, por todos que o solicitavam constantemente, menos por eles. Faziam, corriam, mas, na maioria das vezes, ao final de um ciclo de trabalho, tinham a sensação de ter feito pouca coisa e, muitas vezes, o não essencial (p. 86).

Vivenciei um processo de identificação muito intenso quando a autora relata a visão que alguns professores têm desse profissional como alguém "que mais dificulta do que facilita o trabalho pedagógico" (p. 87) e quando relata que alguns coordenadores, ao negarem esse perfil de "tomador de conta do professor", acabam se omitindo, parecem pedir desculpas por estarem exercendo essa função e fazem o possível para se passarem desapercebidos e não "atrapalhar" o trabalho do professor. Tornam-se, muitas vezes, bons amigos dos docentes, mas pouco contribuem para a estruturação de uma prática pedagógica mais consistente (p. 87).

Caímos, mais uma vez, nas armadilhas da indefinição não só dessa função, mas fundamentalmente do modo como exercê-la, pois se, por um lado, nega-se o dizer como fazer, por outro, corre-se o risco de ser uma orientadora que apresenta uma ação neutra, descomprometida, vazia de significado.

Reconheço-me nessas ideias e começo a estabelecer alguma relação entre o sentimento de culpa que me acompanhara durante algum tempo nessa função e a negação do ser OP numa estrutura pautada por uma relação hierarquizada, verticalizada, marcada pela prescrição e pelo controle. Daí a vontade de *estar professora*, de ocupar um lugar outro que não o meu...

Percebo que o encontro com a universidade e todas as intervenções e mediações a partir daí estabelecidas foram me impondo a necessidade de assumir-me OP para, refletindo sobre minha prática, redimensioná-la.

Lembre-se, pesquisadora: *Não se transforma o que se nega...* Soavam-me vozes de tempos outros...

Começo a vislumbrar possibilidades de relacionar (agora sob outra perspectiva) meu trabalho com a formação dos profissionais da escola. Aos poucos e muito lentamente, fui percebendo que o fato de valorizar muito o trabalho dos professores não impossibilitaria que eu atuasse no cotidiano de cada um deles de forma mais precisa e que acreditar em seu trabalho e respeitá-lo não significa deixar de intervir em suas ações.

Da contradição entre a negação do papel de "professora de professores" e a afirmação da concepção sobre a formação de educadores a partir da recuperação das suas didáticas e vivências e da reinvenção de suas ações, de suas crenças e histórias, surgiu a necessidade de buscar uma silenciosa conversa com referenciais teóricos que subsidiassem os princípios de formação que aqui se despontavam.

Encontro novamente em Sadalla (1998) o amparo necessário às considerações que começam a se esboçar. Ao trazer como preocupação central a questão do desenvolvimento profissional dos professores, a autora aborda as questões referentes às crenças dos professores que desempenham um papel fundamental na determinação das práticas docentes. Pautando seu trabalho na compreensão de que a cognição do professor é orientada por um sistema de crenças, valores e princípios, e utilizando-se do recurso da autoscopia, a autora descreve e analisa as crenças de uma professora alfabetizadora sobre o grupo-classe e o desempenho escolar e discute as possíveis relações entre o pensamento da professora e sua ação. Ao afirmar que "a prática de sala de aula não é simplesmente colocar em ação as instruções pensadas por outras pessoas" e que "o professor atua segundo sua sensibilidade e sua crença, sem ter, muitas vezes, suficiente reflexão sobre suas ações nas práticas cotidianas de classe" (Sadalla, 1998, p. 29), defende o desenvolvimento da reflexividade docente, apontando a importância de que o professor seja auxiliado "a refletir sobre sua prática, a organizar suas próprias teorias, a compreender as bases de suas crenças sobre este processo, de modo que, tornando-se um pesquisador de sua ação, possa contribuir sobremaneira para a melhoria do ensino ocorrido em sala de aula" (p. 35).

Partilho com a autora a convicção de que a formação continuada pode (e deve!) ser considerada um momento privilegiado, em que aos diferentes profissionais é possibilitado refletir sobre a natureza do fazer pedagógico e serem trabalhadas as crenças e as teorias escondidas (ou não) nas palavras e ações de cada um, defendendo as discussões e as análises com os sujeitos e na própria situação na qual se desenvolvem suas ações.

Intrigante é constatar como pensar junto nos impulsiona à revisão de nossas concepções, crenças, valores e nos obriga a redefinir nossas funções no eterno e complexo ensinar–aprender...

Ao considerar que o TDC pode ser um dos espaços em que cada um procede à reapropriação do seu saber, acabo suspeitando de que meu trabalho pode ter alguma coisa a ver com isso... Intuo que meu papel não se resume a simplesmente dar a voz a cada um dos professores, nem tão-somente a devolvê-la, mas fundamentalmente a fazê-la ressoar no grupo. É como se precisassem ouvir de si mesmos o que pensam (porque pensam!), o que sentem (porque sentem!) e o que criam (porque criam!).

Espelhar o outro, refletir. Reflexo e reflexão.

Ainda conversando com Furlanetto (2000), deparei-me com estudos sobre os dinamismos e a aprendizagem que trazem algumas contribuições da psicologia simbólica. Ainda que tal discussão não seja pretensão neste trabalho, observo que a autora nos sinaliza um provável caminho para interlocução ao nos apresentar a vivência dos princípios de alteridade na escola:

> Acredito que o trabalho do coordenador deva ser basicamente exercido na vivência e na dimensão do encontro, do diálogo inserido no dinamismo de alteridade, e é a partir dessa prática que ele vai se construindo e reconstruindo quotidianamente. Muitos são os encontros que ocorrem na escola, sendo que o mais importante é o do aluno com o conhecimento. No entanto, para que ele aconteça, é imperativo que existam outros encontros. Entre eles, o encontro do coordenador com o professor (p. 95).

Ao tecer essa discussão, Furlanetto delineia possíveis caminhos sobre a relação entre o coordenador e o professor em que, "investidos de papéis diferentes, de saberes diversos, podem buscar um encontro fecundo, cujo fruto seja a construção de uma prática pedagógica mais consistente, enriquecida, criativa e verdadeira" (p. 95).

Indica algumas possibilidades de ação concreta na tessitura dessa relação quando atenta para a importância da transformação de nosso olhar, da ampliação de nossa escuta e da modificação de nossa fala ao nos colocarmos mais como "um espelho que reflete", permitindo assim ao professor "a ampliação do seu olhar; [porque] sendo menos alguém que dita o que deve ser feito, propiciamos desenvolvimento da autonomia e o crescimento do professor" (p. 96).

A autora ainda atenta para a importância do espaço da dúvida, da pergunta sem resposta, das questões não resolvidas e enfatiza a importância do exercício da verdade:

> (...) aprender a dizer o que realmente sentimos e pensamos, pôr as cartas na mesa, buscar relações mais transparentes proporcionam um grande amadurecimento. Contatar seus sentimentos menos valorizados, seus lados sombrios e aprender a vê-los desvelados pelo outro não é tarefa fácil, mas um exercício que, feito de maneira cuidadosa, permite crescimento, fortalecimento dos vínculos (Furlanetto, 2000, p. 97).

Nos registros dos encontros entre mim e os professores e em minhas anotações sobre eles, procurei, portanto, capturar algumas pistas que me apontem "marcadores" dos diferentes aspectos das relações no grupo, ações potencializadoras das pequenas liberdades cotidianas, que possibilitem aos professores reconhecer esse espaço como necessário para a afirmação e a reflexão sobre suas práticas e, consequentemente, que indiquem em que medida as intervenções que provoco nos encontros ressignificam minha própria prática a cada possibilidade redescoberta.

Ao rememorar alguns desses episódios, quando se lançou sobre as falas da professora/do professor outro olhar, mais distanciado e provocativo, quando uma atitude ou uma fala específica foi transformada em discussão coletiva, quando se exercitou um distanciamento mínimo para as intervenções necessárias, balizando atitudes de apreciação e prescrição, suas causas e efeitos no grupo, me foi possível perceber ensinamentos e aprendizados significativos como saber ouvir, escolher as palavras para expressar as ideias, respeitar a opinião do outro, propor soluções, registrar, apontar as contradições, cuidar delas...

Cuidar das contradições, provocar estranhamento, espelhar fazeres e falas, para que sejam (re)olhadas, refletidas. Seria esse o papel da OP?

Orsolon (2003) nos lembra que

> a escola, espaço originário da atuação de educadores, mantém uma relação dialética com a sociedade: ao mesmo tempo em

que reproduz, ela transforma a sociedade e a cultura. Os movimentos de reprodução e transformação são simultâneos. As práticas dos educadores, que ocorrem na escola, também se apresentam dialéticas, complexas. Desvelar e explicitar as contradições subjacentes a essas práticas são alguns dos objetivos do trabalho dos coordenadores, quando planejado na direção da transformação (p. 18).

A autora defende que as pessoas que atuam na escola são as que podem protagonizar mudanças e que o coordenador precisa estar consciente de que estas se dão a partir da articulação de todos os envolvidos no coletivo escolar e que é fundamental que cada um explicite suas necessidades, expectativas e estratégias na construção do projeto pedagógico da escola. Relaciona em seu trabalho algumas ações/atitudes do coordenador que são desencadeadoras de um processo de mudança:

> Compartilhar essas experiências no pensar e no agir possibilita ao coordenador rever seu papel, historicamente dado, de supervisionar, de deter informações, para "covisionar". Nas relações com o professor, institucionalmente hierarquizadas, criam-se possibilidades efetivas de aprender junto, de complementar o olhar, de ampliar as perspectivas de atuação em sala de maneira menos fragmentada (Orsolon, 2003, p. 25).

Analisar os dados que foram sendo construídos a partir dos registros do TDC me possibilitou identificar dilemas e possibilidades na organização desses tempos/espaços na escola, ao recuperar o planejamento e o desenvolvimento de algumas ações, tais como o exercício da escrita por meio do rodízio de registro das reuniões, o contato com a leitura por meio da aproximação, inclusive, de textos literários, a possibilidade da expressão por formas outras que não a oral, a possibilidade de experimentar a coordenação da reunião, o exercício de definição da pauta conjunta, o difícil gerenciamento das falas...

Aproprio-me, mais uma vez, da voz de Furlanetto (2000):

> É importante também que não tenhamos perdido a capacidade de nos encantarmos com o crescimento do outro, caracterís-

tica fundamental de todo o educador, que ainda seja possível se fascinar pelas descobertas e pelos avanços que ocorrem na escola (p. 96).

Que possamos reconhecer, portanto, os laços e os nós que vêm nos constituindo como grupo, para que nos percebamos únicos.

Referências bibliográficas

FONTANA, Roseli A Cação. *Como nos tornamos professoras?* Belo Horizonte, Autêntica, 2000.

FURLANETTO, Ecleide Cunico. O papel do coordenador pedagógico na formação continuada do professor: Dimensões interdisciplinares e simbólicas. In: QUELUZ, Ana Gracinda (Org.). *Interdisciplinaridade: formação de profissionais da educação*. São Paulo, Pioneira, 2000, 85-101.

LACERDA, Nilma Gonçalves. *Manual de tapeçaria*. Rio de Janeiro, Philobiblion: Fundação Rio, 1986 — Coleção Prosa Brasileira, 13.

ORSOLON, Luzia Angelina Marino. O coordenador/formador como um dos agentes de transformação da/na escola. In: ALMEIDA, Laurinda Ramalho de e PLACCO, Vera Maria Nigro de Souza (Org.). *O coordenador pedagógico e o espaço da mudança*. São Paulo, Edições Loyola, 2003.

SADALLA, Ana Maria Falcão de Aragão. *Com a palavra, a professora: suas crenças, suas ações*. Campinas, Editora Alínea, 1998.

SADALLA, Ana Maria Falcão de Aragão, SARETTA, Paula e ESCHER, Carolina de Aragão. Análise de crenças e suas implicações para a educação. In AZZI, Roberta Gurgel e SADALLA, Ana Maria Falcão de Aragão (Org.). *Psicologia e formação docente: desafios e conversas*. São Paulo, Casa do Psicólogo, 2002.

SOLIGO, Rosaura. *Algumas ideias sobre o grupo como espaço formativo*. Campinas, 2006. Texto não publicado.

SOUZA, Vera Lucia Trevisan. O coordenador pedagógico e a constituição do grupo de professores. In: ALMEIDA, Laurinda Ramalho de e PLACCO, Vera Maria Nigro de Souza (Org.). *O coordenador pedagógico e o espaço da mudança*. São Paulo, Edições Loyola, 2003.

TORRES, Suzana Rodrigues. *Ouvir/falar — um exercício necessário na interação de docentes e não docentes*. Dissertação de Mestrado, São Paulo, PUC, 1994.

7

As relações interpessoais e a formação inicial do coordenador pedagógico

Eliane Bambini Gorgueira Bruno[1]
eliane.gorgueira@terra.com.br
Laurinda Ramalho de Almeida[2]
laurinda@pucsp.br

Este texto é o resultado das reflexões que fizemos a partir dos discursos de coordenadores pedagógicos ouvidos em uma pesquisa sobre os saberes das relações interpessoais, nos processos de formação inicial (Bruno, 2006).

Formação inicial refere-se aqui àquela que ocorre nos cursos de graduação ou pós-graduação, embora entendamos que formação inicial e continuada sejam um *continuum*, e que o processo de desenvolvimento da profissionalidade começa antes dos bancos escolares.

Primeiramente, apresentamos alguns princípios que se aproximam das categorias eleitas pelas teorias de Carl Rogers (1977,

---
1. Doutora pelo Programa de Estudos Pós-Graduados em Educação: Psicologia da Educação da PUC-SP. Professora da Universidade Estadual Paulista (UNESP), no Instituto de Artes (IA).
2. Professora do Programa de Estudos Pós-Graduados em Educação: Psicologia da Educação — PUC-SP.

1978, 1999, 2001) e Paulo Freire (1992, 1999, 2004), que foram tomando corpo ao longo de nossa trajetória, nos vínculos que fomos estabelecendo com outros significativos princípios que temos tentado preservar em nossa prática profissional:
- Empatia: exercício de colocarmo-nos no lugar do outro para que, a partir de suas próprias referências — e não das nossas —, possamos melhor compreendê-lo; é a tentativa de "calçar os seus sapatos".
- Autenticidade: é a perspectiva de que, nas relações que estabelecemos com o outro, possamos ser fiéis a nós mesmos, na coerência entre o sentir, o pensar e o agir, ao mesmo tempo em que valorizamos esse *verdadeiramente ser* na perspectiva do outro.
- Consideração positiva: aceitação do sujeito tal como ele é, valorizando-o por si mesmo, num esforço de libertarmo-nos de nossas representações e não projetá-las no outro.
- Dialogicidade: manifestação de nossa disponibilidade para *falar com*, em vez de *falar para*, na perspectiva de uma troca na qual é mister o comparecimento do ouvir ativo, do olhar sensível e do respeito à fala do outro.

Entendemos que é a partir do esforço de praticarmos esses princípios que podemos auxiliar o outro em seu movimento em direção à mudança.

Em segundo lugar, fazemos referência a quatro problemas que cercam as relações interpessoais.

O primeiro diz respeito a algumas representações que se construíram em nossa sociedade sobre esse tema e que foram abordadas pelos coordenadores que participaram de nossa pesquisa. Trata-se de temas que circundam as relações interpessoais e são: autoajuda, autoestima, bons relacionamentos no trabalho e na família e ainda a ideia de que bons relacionamentos levam a boas sociedades. Temas marcados por certa ingenuidade de que seja possível — a partir da padronização de comportamentos — instruir pessoas em curto prazo e de forma superficial, no sentido de que elas possam *se tornar melhores para melhor conviver*.

O segundo problema que cerca o tema das relações interpessoais passa pela colocação de uma ênfase no pessoal e pelo risco de se perder de vista os contextos nos quais se colocam esses sujeitos. Em outras palavras, trata-se da relação entre indivíduo e sociedade.

O terceiro problema pode ser encontrado no despreparo para o enfrentamento dos conflitos que são parte das relações interpessoais. Este problema pode ser desmembrado nestas questões:
- É possível ensinar alguém a se relacionar com o outro? Como?
- É possível aprender a se relacionar? Onde se aprende?
- Existe um sentido desejado para esse aprendizado?

Um quarto problema que se apresenta é o entendimento de que tratar de relações interpessoais é entrar no domínio da relação terapêutica. Pensamos que o limite entre o pedagógico e o terapêutico, no trato das relações interpessoais, deve consistir sempre em uma preocupação na prática do educador. Por esse motivo precisamos ter a compreensão de que o formando é, antes de tudo, uma totalidade, sem descaracterizar cada singularidade, mas fazê-lo na dimensão do pedagógico, que é o papel que nos cabe como educadores.

Posto isso, passamos a algumas das articulações (dentre as muitas possíveis) que fizemos a partir do falar/ouvir dos coordenadores participantes da pesquisa e do falar/ouvir de nossa experiência.

Indivíduo e sociedade: nova possibilidade

Se o compromisso com certa leitura do marxismo levou muitos educadores da década de 1970 a negar atenção analítica às questões pessoais e às relações interpessoais, sob o medo de se cair em psicologismos negadores do "social", o compromisso com certa leitura da psicologia levou outro grupo de educadores à negação dos fatores sociais como foco para a compreensão do "pessoal".

Atualmente, após os abusos de ambos os lados e após a ruptura de paradigmas radicalmente sociologizantes ou psicologizantes, é possível falar com mais tranquilidade da relação entre indivíduo e sociedade, retomando teorias como as de Rogers e Paulo Freire, para reapresentar a questão da formação da pessoa e das relações interpessoais em nova perspectiva — uma perspectiva mais complexa, na qual fatores surpreendentes e dinâmicas anteriormente incompreensíveis ao primeiro e segundo olhares possam agora ser contempladas.

Hoje, com mais tranquilidade, é possível falar de relações interpessoais, de formação da pessoa e da pessoa do educador, sem o risco de sermos considerados negadores do social, e podemos falar dos fatores sociais ou das contribuições do contexto sociocultural na formação da pessoa do educador, sem que sejamos considerados negadores da psicologia.

É evidente que a necessidade de superação do risco de se iluminar apenas um dos lados da questão — foco no indivíduo ou foco no social — exige o cuidado de relacionar os dois polos ou focos, considerando-se as diversas — e muitas vezes ocultas à primeira reflexão — faces do encontro entre pessoas e seus contextos.

Paulo Freire, em *Pedagogia da esperança*, obra em que revisita a tão conhecida *Pedagogia do oprimido*, reintegra no homem as dimensões que fazem dele humano — indissociavelmente pessoal e social. Fala o autor sobre a percepção crítica da consciência e sobre a

> importância manifesta do indivíduo, sem que se lhe atribua a força que não tem; é o peso, igualmente reconhecido, em nossa vida, individual e social, dos sentimentos, da paixão, dos desejos, do medo, da adivinhação, da coragem de amar, de ter raiva. É a defesa veemente das posições humanistas que jamais resvalam em pieguismos (Freire, 1992, p. 179).

No caso de cada coordenador pedagógico em processo de formação, pelo menos três contextos são relevantes: o de sua vida pessoal (familiar, bairro, cidade); o da escola de formação inicial; e o de sua provável atuação profissional (uma rede de ensino, uma instituição pública ou privada). Daí a relevância do aprendizado e do exercício da escuta ativa e do olhar sensível como habilidades que favoreçam melhor compreensão e elaboração de suas leituras sobre estes contextos (pessoal, de formação e profissional). Daí a relevância das pesquisas realizadas nas instituições formadoras sobre diversos contextos nos quais provavelmente atuarão os futuros coordenadores.

Relações interpessoais e padrão de comportamento

O rápido olhar em uma banca de jornal ou em uma livraria pode nos mostrar o apelo ao preparo das pessoas para enfrentarem não apenas as outras pessoas, mas a si mesmas, em um cotidiano competitivo, denso de informações a serem digeridas, denso de desafios a serem superados, denso de incertezas.

Em tempos futuros haverá trabalho? Haverá aceitação? Haverá paz? Temos hoje algumas certezas?

Os livros e as revistas disponíveis para a maioria das pessoas falam de ajudá-las a serem *melhores* consigo mesmas e com os outros.

Autoajuda e autoestima são valores que assumem cada vez maior expressão em nossa sociedade, o que é fácil de entender pela solidão do homem contemporâneo. Ultrapassam os limites da mídia impressa para alcançar propagandas de rua, programas de televisão e os já muito conhecidos *cursinhos* oferecidos por entidades diversas, sem, no entanto, ultrapassar os limites da superficialidade e do individualismo, além do fato de não levarem em conta as implicações recíprocas entre indivíduo e sociedade.

Num exercício de superação dos limites da ingenuidade e do senso comum que, em geral, caracterizam a elaboração a respeito desses temas, os coordenadores que participaram de nossa pesquisa situam a discussão sobre relações interpessoais na formação dos educadores em um patamar mais profundo do que as coloca a literatura sobre autoajuda e autoestima. Insinuam que é preciso problematizar o aprendizado dessas relações, para além do que trazem os principais meios de comunicação e seus desdobramentos.

Sem nos remetermos a uma análise mais aprofundada sobre a forma pela qual os meios de comunicação de massa tratam as relações interpessoais, entendemos que tais veículos contam com uma linguagem imediatista, baseada em transmissão de técnicas de autocontrole e que, raras vezes, problematizam mais profundamente, contando com a contribuição dos pareceres de especialistas de referência. Na maioria das vezes, buscam "ensinar" a qualquer leitor, de qualquer contexto, padronizando respostas com o objetivo de tornar o leitor uma pessoa de "fácil" e de "muitos" relacionamentos.

Embora esta seja a perspectiva de alguns educadores que buscam apresentar soluções a seus alunos para que eles as "apliquem" em qualquer situação difícil, pensamos que não é este o compromisso da formação, mesmo porque não existe esta aplicabilidade capaz de ser transportada a toda e qualquer situação. Entendemos que autoajuda e autoestima são, de fato, questões que perpassam as relações interpessoais. No entanto, não podemos nos restringir a esses aspectos como se eles dessem conta da totalidade complexa e diversa que caracteriza a relação do homem com ele mesmo, com o outro e com o contexto sociocultural no qual se insere, principalmente quando estamos falando sobre processos de formação de educadores (em geral) e de coordenadores pedagógicos (em particular).

A realidade dos contextos nos quais atuarão os futuros coordenadores pedagógicos é tão rica, diversa e difícil que soluções prévias se tornam sempre inúteis ou falsas, até porque essas soluções acabam por negar os conflitos e a dimensão complexa que assumem as relações interpessoais, sobretudo no interior de instituições como a escola.

Portanto, não é a perspectiva da autoajuda, da autoestima ou das soluções prévias que busca uniformizar os indivíduos em um dado padrão de comportamento, que apresentamos como proposta de interesse para a formação dos coordenadores quando falamos de relações interpessoais.

A perspectiva que evita a padronização e que se encontra no patamar apontado pelos coordenadores passa muito mais pelo que Rogers identifica como "vida boa" ou "a pessoa em pleno funcionamento". Não se trata de uma vida de conforto e sem questionamentos, não uma vida apaziguadora e que objetive silenciar os conflitos, mas uma vida na qual os sujeitos — individual ou coletivamente — possam expressar seu inconformismo, seus questionamentos e seus desejos de mudança; uma vida aberta às oportunidades de problematização, de reflexão e de enfrentamento dos conflitos. Uma vida de possibilidades e de aprendizados. Lembra Rogers que: "a vida boa é um processo, não um estado de ser. É uma direção, não um destino" (Rogers, 1999, p. 213).

Sentidos e possibilidades da formação sob a lente das relações interpessoais

E agora é o momento de tratarmos do problema que foi o foco da discussão sobre formação do coordenador e relações interpessoais. Qual a possibilidade dessa formação e qual seu real sentido?

Nas duas questões comentadas acima, foram indicados os sentidos que estamos atribuindo ao preparo dos educadores e, em especial, ao preparo dos coordenadores pedagógicos em termos de relações interpessoais. Esses sentidos abarcam as ideias que destacaremos a seguir.

Não é uma formação técnica, que se viabiliza por meio de transmissão de um receituário previamente elaborado. Não é uma formação que se pretende padronizadora de atitudes e de soluções. Não é uma formação que tem seu foco na pessoa isolada de seu contexto, de sua cultura social. Não é uma formação cujos contextos respondem a todos os gestos da pessoa. Não é formação que silencia o conflito e o desencontro.

É uma formação difícil de realizar. Concordamos. E se aproxima ou se estabelece no horizonte do que entendemos por educação: um processo de surpresas e sempre novo, que se recoloca e se refaz e se cria sempre, em cada encontro. É como nos diz Paulo

Freire, em *Pedagogia da autonomia* (1999) "Ninguém educa ninguém; os homens se educam em comunhão". A perspectiva de situar a educação e os processos de ensino num contexto necessariamente relacional (e que por isso mesmo deve explicitar a intencionalidade de contemplar esta dimensão do educando) aparece claramente formalizada em diferentes documentos oficiais — tanto nacionais (LDB e PCNs) quanto internacionais (UNESCO — DELORS, 1996) —, e é nesta mesma esteira que desejamos abrir aqui um espaço para a inserção de duas questões que julgamos importantes:

- Se, por um lado, o apelo à atenção e ao cuidado com uma formação que contemple a dimensão das relações interpessoais nos parece claro nos documentos oficiais quando tratam dos currículos, por outro lado é evidente a fragilidade desses mesmos documentos quando tratam dos processos que deveriam garantir e viabilizar essa formação. Uma dessas fragilidades tem a ver com a falta de clareza que caracteriza a própria terminologia utilizada para identificar e distinguir as funções de coordenação pedagógica, supervisão escolar, orientação educacional, coordenação pedagógico-educacional. Os próprios cursos de pedagogia refletem essa falta de clareza e de precisão, quando desejam explicitar qual(is) profissional(is) pretendem formar.

- Outra questão importante refere-se ao fato de que, ainda que a pesquisa tenha sido realizada anteriormente à publicação do parecer do MEC de dezembro de 2005, no qual a formação específica do coordenador pedagógico, do supervisor e do diretor desloca-se da graduação para a pós-graduação, nossa convicção se mantém inalterada no sentido de que, independentemente do segmento no qual ocorrerá essa formação específica, deve-se garantir o espaço formal, intencional e explícito para o trato das relações interpessoais nesse processo, já que, antes de ser um especialista (coordenador, supervisor ou orientador), esse profissional é essencial e fundamentalmente um educador. Deve ter como preocupação a articulação estreita entre a formação pedagógica e a formação da pessoa, isto é, a escola entendida como espaço de desenvolvimento e aprendizagem.

Entendemos que as habilidades de relacionamento interpessoal podem ser desenvolvidas tanto pela via da reflexão sobre o que vem a ser um relacionamento que leve ao desenvolvimento, como pela via experiencial, isto é, vivendo, na situação de formação, momentos nos quais os formandos são ouvidos, considerados, compreendidos, momentos nos quais as relações interpessoais favoreçam o acesso ao conhecimento.

É preciso lembrar que, paralelamente às demandas que se impõem à educação no Brasil e ao desejo manifesto nas mais diversas e exaustivas discussões travadas pela comunidade de educadores, encontramos frequentemente pelo caminho um conjunto de decisões que se restringem a estratégias de nível técnico ou normativo, apartando-se do aspecto que diz respeito a uma educação criadora e transformadora das relações entre os homens e das relações entre os homens e o mundo, uma educação que se prende à preparação do sujeito para o mercado e não para a vida.

Finalizando, julgamos necessário ressaltar ainda alguns pontos:
- Para que se possa discorrer sobre as relações interpessoais e situá-las nos processos de formação, acreditamos ser fundamental pontuar a delicadeza com que se deve olhar para essa questão, para que não se corram os riscos de, por um lado, tratá-la nos limites do pieguismo e da licenciosidade que caracterizam um senso comum pedagógico e, por outro, tratá-la de forma a focalizar isoladamente ora a dimensão pessoal, ora a social. A perspectiva a partir da qual nos posicionamos é aquela que necessariamente reconhece nas relações interpessoais as implicações mútuas entre homem e sociedade, num movimento que dinamiza as consecutivas recriações e transformações de um e de outro.
- As relações pedagógicas não podem ser entendidas separadamente das relações interpessoais, já que estas se im-

bricam e se implicam mutuamente[3]. É no bojo dessas relações que se travam os embates,
- estabelecem-se os conflitos, lapidam-se os desejos, constroem-se os projetos, enfim, é nesse movimento — entre pessoas — que se dá, de fato, a ação educativa. Dessa forma, os processos de formação podem ser favorecidos quando há disponibilidade e investimento dos atores envolvidos, no sentido do refinamento das relações interpessoais entre eles construídas.

Nas relações educador–educando não se separa a afetividade da cognição. Rogers (1977, p. 145) explicita essa integração, quando se refere à "aprendizagem pela pessoa inteira":

> Contém muitos elementos cognitivos — o intelecto está funcionando a plena velocidade. Certamente possui elementos de sentimento — curiosidade, vibração, paixão. Encerra elementos vivenciais — prudência, autodisciplina, autoconfiança, emoção da descoberta...

Estamos conseguindo isso como educadores?

Referências bibliográficas

BRUNO, Eliane B. G. *Os saberes das relações interpessoais e a formação inicial do coordenador pedagógico*. Tese de Doutorado, PUC-SP, 2006.

FREIRE, Paulo. *Pedagogia do oprimido*. Rio de Janeiro, Paz e Terra, [38]2004.

_____. *Educação e mudança*. Rio de Janeiro, Paz e Terra, 1983.

_____. *Conscientização*: teoria e prática da libertação. São Paulo, Cortez & Moraes, 1980.

_____. *Pedagogia da autonomia*: Saberes necessários à prática educativa. São Paulo, Paz e Terra, [12]1999.

_____. *Pedagogia da esperança. Um reencontro com a pedagogia do oprimido.* Rio de Janeiro, Paz e Terra, 1992.

---

3. Para desenvolvimento dessas ideias, *vide*, neste mesmo volume, texto de Vera M. N. S. Placco, A sala de aula como lócus de relações interpessoais e pedagógicas.

_____. *Educação como prática da liberdade*. Rio de Janeiro, Paz e Terra, ²⁵2001.

_____. *Pedagogia da indignação*: Cartas pedagógicas e outros escritos. São Paulo, UNESP, 2000.

_____. *Pedagogia da tolerância*. São Paulo, UNESP, 2004.

ROGERS, Carl. R. *Tornar-se pessoa*. São Paulo, Martins Fontes, ⁵1999.

_____. *Sobre o poder pessoal*. São Paulo, Martins Fontes, ⁴2001.

_____. *Liberdade para aprender*. Belo Horizonte, Interlivros, ²1978.

ROGERS, Carl e ROSENBERG, Rachel. *A pessoa como centro*. São Paulo, EPU, 1977.

8

Processo de aprender a estudar em grupo de educadores
Escutas e pegadas em caminhos percorridos

Cleide do Amaral Terzi[1]
roncaeterzi@uol.com.br

Introdução

Este trabalho é resultado da experiência de coordenação de grupos de estudo entre pares de educadores, aos quais denominamos também grupo de formação.

No texto, extraem-se reflexões a partir do percurso trilhado por profissionais da educação, desejosos de participação formadora junto a outros educadores de diversas instituições educativas.

Pertencem a várias realidades de trabalho, mas buscam, em outro tempo-espaço, a oportunidade para complementarem suas formações, explicitarem suas indagações, lacunas e conquistas.

Nos encontros, vivenciam oportunidades privilegiadas para o diálogo, a troca e o aprofundamento de referenciais teóricos e

---

1. Especialista em Educação, assessora e consultora na área educacional, coordenadora de grupos de estudo.

práticos, consolidando conhecimentos, afetividades e o sentimento de pertença.

Discute-se como esse processo contínuo de encontros permite a organização de um acervo documental e arranjos metodológicos e funcionais, facilitadores da constituição de um grupo de formação.

Um dos princípios básicos de um grupo de estudos é o de que o sujeito constrói o conhecimento na interação com outros educadores e reflete sobre seus processos de adulto aprendiz.

Esse sujeito-formador é uma totalidade, que, imerso em seu trabalho, exercita, no debate com os outros, o fazer, o pensar e o teorizar. Retoma seus percursos de aprendizagem, redimensiona intenções e decisões profissionais.

A Chegança...

> Estamos chegando daqui e dali
> E de todo o lugar que se tem pra partir
> Trazendo na chegança
> Foice velha, mulher nova
> E uma quadra de esperança
> Ah, se viver fosse chegar
> Chegar sem parar, parar pra casar
> Casar e os filhos espalhar
> Por um mundo num tal de rodar. (Edu Lobo)

A experiência de coordenação de grupos de estudo, ao longo de anos, tem possibilitado, na organização e na análise de acervo documental, a compreensão sobre processos formadores vividos entre adultos aprendizes, como também a sistematização metodológica desses encontros.

À medida que se avança nos estudos, torna-se possível identificar alguns instrumentos e procedimentos que se mostram fundamentais à formação do grupo.

Algumas questões prévias que norteiam esta escrita se referem à "chegança" de pessoas e ao início da formação de grupos de estudos:

- Por que professores e outros profissionais da escola desejam questionar suas práticas e suas teorias fora de seus ambientes de trabalho?
- Por que adultos educadores se reúnem para estudar: ampliar leituras e referenciais teóricos?
- Por que adultos desejam participar de círculos de debates, de escutas e de relatos?
- Por que educadores precisam exercitar práticas de construir e refletir sobre o acervo documental do grupo?
- É possível extrair dessa experiência orientações metodológicas?

As perguntas enunciadas oferecem cenários para introduzirmos as iniciativas, as motivações, a decisão de educadores para percorrerem rotinas e vivências formadoras nos momentos de estudo grupal.

Trata-se de um movimento em que educadores (professores, coordenadores, diretores) e outros profissionais que atuam na área educacional saem de seus cotidianos de trabalho e procuram, por suas próprias iniciativas, pares para confrontar ideias, (des)confirmar opiniões, ou, até mesmo, contrastar dúvidas e consolidar posicionamentos — avançar no estudo de temas relativos à formação de educadores.

Consideramos que o grupo de estudo é o encontro de pessoas que, "movidas por necessidades semelhantes, se implicam no desenvolvimento de ações para atingir objetivos e metas comuns" (Placco e Souza, 2006).

Participar de um grupo de estudo não é um único canal para se investir na formação, mas é um meio para estudar de forma sistematizada, favorecer a diversidade de leituras, o aprofundamento de temas, o olhar apurado sobre as práticas, a circulação de palavras e significados presentes nos diversos momentos de trocas.

A partilha com os diversos amplia perspectivas, tece vínculos, permite que cada um olhe para si e para os outros, identifique contradições e resgate sua identidade pessoal e profissional.

Um grupo de estudos é a constituição de processos permeados por histórias pessoais de atores singulares, repertórios, afetos, expectativas, os quais interferem na aprendizagem e também são aprendidos.

Motivações primeiras

Estes profissionais demonstram esforço, dedicação ao aplicarem-se aos desafios próprios do ato de ler e de escrever. Guardam objetivos e motivações diferenciadas. No tempo e no contexto em que vivem, mostram-se instigados pelos outros colegas, pelas instituições e por situações de vida e de trabalho.

Assim anunciam suas questões iniciais:

- *Você não gostaria de participar de um grupo de estudo?*
- *Conhece algum grupo em que possa participar?*
- *Estou muito parada, sentido falta de atualização...*
- *Preciso aprender mais...*
- *Sinto-me angustiada, vazia... quero outros ares, ouvir outras pessoas.*
- *Não posso ficar estagnado, gosto de ler e estudar.*
- *Quero rever minhas experiências de sala de aula.*

Essas interrogações e afirmações movem pessoas para saírem em busca de participação de grupos de estudos.

Alguns se sentem "tocados" por um profundo e inquietante desejo de aprofundamento, conscientes de suas necessidades de contínua formação. Outros percebem que precisam ir atrás de "algo", embora não tão bem definido.

Há, também, aqueles que vão "na onda" — respondem aos apelos dos modismos pedagógicos, ou apenas às provocações imediatistas: — *Lá deve ser bom! Encontramos outros educadores... vamos juntos(as)... você vai gostar...*

É possível afirmar que a maioria clama por atualizações, embora com diferenças de experiências profissionais e repertórios. Querem aprender e investigar o próprio ato de aprender. Interrogam-se sobre o que pretendem ser como profissionais de educação e como ser o que pretendem. Pouco a pouco, retomam para si o lugar que a leitura, a escrita e o verbo *estudar* ocupam em suas trajetórias de vida.

E o que significa estudar em grupo?

Nas lições do professor Paulo Freire (1982), não se trata de distribuição de textos para ficarem perdidos e guardados em gavetas de escrivaninhas, ou nos arquivos eletrônicos.

Não é a prescrição dogmática de títulos e temas, mas estudar é aproximar-se de outras vozes, de outros textos, de outros intérpretes. Levar aos textos perguntas, num *ir-e-voltar* de questionamentos, de reelaborações e sínteses — trabalho exigente, de leitura e escrita, de enfrentamento, sistematização e persistência investigativa.

Confirma no leitor o seu papel ativo de autoria, de invadir o texto, de subvertê-lo, reescrevê-lo e reinventá-lo.

> Em última análise, o estudo sério de um livro como de um artigo de revista implica não somente uma penetração crítica em seu conteúdo básico, mas também uma sensibilidade aguda, numa permanente inquietação intelectual, num estado de predisposição à busca (Freire, 1982).

Primeiros passos, primeiros momentos...

Os educadores/estudiosos fazem investidas, arrumam, em suas rotinas, alternativas e disponibilidades na vida pessoal/profissional para efetivar a condição de se tornarem presentes nos momentos dos encontros.

Interessam-se pela continuidade de seus processos formativos. Ir além do óbvio. Mostram-se curiosos de outros pensamentos e fazeres. Gradativamente adubam seus propósitos, arriscam-se em novos terrenos de indagações e hipóteses. Confrontam-se com as exigências e o necessário rigor do estudo. Precisam enfrentar as inquietações e os desafios do ato de pesquisar e aprender.

Por vezes, alguns desses educadores/estudiosos debruçam-se em novas informações e participam como sujeitos falantes e argumentadores. Outros se apresentam inicialmente quietos, expectantes, receosos, ou até mesmo, temporariamente, silenciosos, tal como se acostumaram em seus ambientes de trabalho.

Pouco a pouco, declaram seus "engasgos" e saberes. Confirmam a sua condição de adultos aprendizes:
- *Não consigo pôr minha prática em teoria.*
- *Como tomar distância da própria prática, olhar o entorno e se ver naquela aprendizagem?*
- *Estou buscando "frestas" no meu trabalho. Como faço para apalpá-las?*
- *Será que sei ver como as crianças aprendem? O que se deseja que as crianças aprendam?*
- *Quero resgatar minhas dificuldades e buscar novas convicções.*
- *Tenho medo da escrita. Permitir-me escrever com menos pressões e angústias. Não sei trabalhar com outras linguagens.*
- *Sinto-me só, não tenho interlocutores!*

Queixam-se, muitas vezes, do isolamento em que se encontram em suas instituições escolares, o caminho solitário e a falta de espaços efetivos de interlocução para questionar as práticas e as teorias. Veem-se mergulhados num cotidiano que anestesia o pensar, silencia o diálogo, enfraquece as trocas e o sentimento de coletivo.

Em contrapartida, há que se provocar no grupo: Qual é o papel responsável de cada um no enfrentamento dessas questões perturbadoras? Não basta, apenas, trazê-las para o território do grupo de estudos. É preciso reconduzir aos lugares de atuação essas provocações, os posicionamentos, a necessária leitura de "brechas", que fazem a diferença no desempenho da prática profissional e dão sentido aos investimentos na autoformação educadora.

Ensaiamos as primeiras conversas — Trazer a si mesmo seu tempo e sua identidade

Inaugura-se o grupo com os combinados e os desejos de aprendizagens e reflexões misturados às ansiedades próprias das primeiras situações de aproximação.

Ensaiam-se as conversas iniciais sobre o papel dos diferentes olhares e perspectivas diante das possibilidades de interpretar a(s) realidade(s).

Dos primeiros passos grupais, surge a tarefa de escrever sobre as memórias, nelas contemplar a decisão de cada um(a) se tornar professor(a), coordenador(a), diretor(a), ou outra função educativa presente naquele grupo.

Mas para que serve autobiografar-se? A primeira colheita é a escrita reflexiva de nós mesmos(as), a oportunidade de recolhermos os fragmentos que compõem "o nosso bordado" (Soares, 1991).

Identificar as opções passadas e o atual momento compõe os projetos dos próximos amanhãs, como diria Carlos, o poeta Carlos Drummond, em seu poema *A Rosa do Povo*: "... escuto o tempo fluindo".

Ao relembrar as travessias de educadores, saímos de esconderijos, transportamos emoções, ternuras, inquietações, perplexidades, tão reveladoras da pessoa que somos e, ao mesmo tempo, com aspectos comuns a todos(as) nós.

Olhar o próprio conteúdo da memória implica olhar para si mesmo, refazer caminhos, descobrir as afinidades e as intenções do percurso.

Rever os tempos de escola, dos primeiros anos de estudante e de professor, é lidar com a formação. Remexer as lembranças escondidas no pátio da infância e expressá-las no coletivo ajuda a tecer os primeiros significados.

Surpreender-se ou confirmar na história do outro os processos vividos, as marcas da docência, o significado atribuído aos verbos ensinar, aprender e estudar.

As histórias narradas situam aproximações e territórios de diferenças. Sem essas memórias, não haveria o que contar. A compreensão delas traduz a experiência e a localização de seus protagonistas, suas intenções, interdependências relacionais e de aprendizagem.

Esses relatos, contados e ouvidos, trazem pistas reflexivas do que fazemos agora, do que nos motiva ou paralisa, das condições com que nos deparamos e com quais projeções queremos nos comprometer. Vemos a nós mesmas(os) por meio de outros, situamos nas diferenças e semelhanças nosso estilo singular de aprender.

É fundamental que o grupo de formação possibilite ao educador perceber as influências que o marcaram, as hipóteses, concepções ou crenças que teve durante sua vida de educador, as crenças que tem hoje e o modo como pretende enfrentar certas contradições em seu pensar e agir.

As narrativas dos registros e dos guardados de caminhos percorridos indicam, temporariamente, direções e ênfases do processo de estudo e da formação do grupo.

Segundo Josso (2006), as narrativas favorecem a tomada de consciência.

> [...] ajudam os aprendizes a melhor situar os desafios de sua formação em curso. [...] seus pontos mais fortes e os mais fracos na gestão de suas próprias aprendizagens.

O grupo vira o "nosso grupo"

A participação em grupo de estudos pressupõe as dimensões de espaço e tempo próprias, a partir da chegada dos educadores ao local de encontro. Os educadores trazem suas contribuições e marcas especiais para esse lugar, como também vivenciam a regularidade e periodicidade das reuniões.

As delimitações do espaço, do tempo e das organizações: calendários, cronogramas de atividades, pautas, tarefas, sínteses, devolutivas (relembrandos), relatos de práticas, entrevistas com convidados conferem ritmo ao trabalho. Pausas avaliativas, manifestações de vínculo e afetos regem a constituição do grupo e de sua história. Asseguram a sobrevivência grupal.

Na formação de grupo de estudo, recorre-se às várias modalidades de documentação, para ir, pouco a pouco, constituindo um esforço coletivo de narrativas, investigações e produções que formam seu acervo documental.

Aprender uns com os outros revela não só o que se aprende, mas faz nascer o sentimento de pertença a um coletivo. Cada grupo se diferencia de outros ao construir conteúdos, saberes e símbolos que lhe são próprios. Revela formas e estéticas singulares de organizar *portfolio*, inserir linguagens, avaliar pontos de referências, expressar ideias e sentimentos.

Em função de demandas e circunstâncias, manifesta-se o encontro entre o que é próprio de cada participante e o coletivo grupal; permite tanto a localização de pontos comuns como diferenciados, provocando, por vezes, o redimensionamento das pessoas e do próprio movimento do grupo.

O compromisso de participação é grupal, portanto, as contribuições de leituras, estudos, tarefas, sínteses, imagens vão constituindo os vínculos, a forma de dizer: "nosso grupo" é assim. Reconhecem-se em suas falas, em suas metáforas, em seus registros, no revelado e aprendido.

Após um período de encontros, formamos nosso patrimônio — *conjunto de documentos* que expressam suposições, encaminhamentos e interpretações. Testemunham as nossas "pegadas".

Escutas e pegadas

As documentações são escutas e pegadas de caminhos percorridos. São mapas para reorientar as reflexões e as aprendizagens dos adultos educadores.

Aprender em grupos envolve atribuir significações e engendrar relações únicas com o saber. Os registros organizam experiências vividas pelos sujeitos, em suas interações com os outros e inserções no mundo.

No movimento grupal, as tarefas, as sínteses, as identificações práticas e teóricas, as perguntas, as discussões e os debates sobre situações de ensino e aprendizagem vão tecendo partilhas que animam a produção, os registros e a autoria.

A documentação reúne um conjunto de informações, vivências, interpretações de leituras, percepções. Possibilita o trânsito de representações mediante a manifestação de diferentes linguagens e recursos.

Nesse coletivo nascem análises, revisões de perguntas, enredos simbólicos, manifestações de subjetividades e o sentimento de pertença.

Ao longo do tempo, a coordenação do grupo e os participantes formam seu acervo individual e coletivo. Anotam, revisam escritos, debatem leituras, assinalam ideias centrais, realizam sínteses, relatam experiências escolares, reorganizam pautas, fotografam, discutem cenas de filmes e imagens do cotidiano. Poetizam conexões e objetivam decisões de trabalho. Desses movimentos, produzem reflexões e afetos sobre seu andarilhar.

Constituem *escutas e pegadas*. Disseminam ideias, revisitam teorias e práticas. Fortalecem vínculos e apropriam-se das memórias e dos saberes individuais/coletivos. Tecem a história e a identidade grupal.

Documentar é, portanto, sistematizar o vivido pelo grupo. A cada encontro, o grupo se narra, se reconhece, estuda e se mantém.

A documentação pedagógica dá visibilidade e transparência à história construída por formadores e educandos. Retrata as buscas pedagógicas, cognitivas, culturais e afetivas de adultos e alunos em seus processos de aprendizagem.

Organiza e elucida um conjunto de referências às pessoas que estão envolvidas no processo educativo e favorece a delimitação de intenções próprias de cada grupo. Detém sentimentos, desejos e valores subjetivos.

O processo de documentação estimula o adulto aprendiz a aprofundar seus questionamentos e vivenciar a autorreflexão continuada, permitindo-lhe revisar concepções, reformular perguntas e hipóteses. Direciona, no grupo, o caminho da pesquisa-ação, alimenta o ato de pensar e o desdobramento de novos projetos.

Pensar sobre o vivido, pensar sobre o pensar

Considerando as contribuições de Hoyuelos (2006) sobre a documentação "reggiana"[2], pode-se inferir a importância da experiência metacognitiva no ato de aprender e estudar em grupos de educadores.

---

2. Refere-se à abordagem de práticas de registro desenvolvidas nas Escolas de Educação Infantil de Reggio Emilia (norte da Itália).

No processo de formação, é importante que formadores e aprendizes (coordenadores, professores e alunos) relatem e pensem a variedade de percursos da aprendizagem realizada no grupo e a diversidade de resultados.

Assim sendo, processos metacognitivos supõem tomada de consciência, reconhecer e resgatar os significados, mediante exercícios interpretativos do estudado e do vivido nos círculos grupais.

> A vivência de processos metacognitivos tem um papel importante na vida intelectual do sujeito, em especial do adulto professor, na medida em que o informa sobre o momento em que se encontra na atividade, suas dificuldades e seus progressos, favorecendo o desenvolvimento de seu pensamento autônomo (Placco e Souza, 2006).

É, portanto, sempre uma metainterpretação, uma oportunidade especial para refletir o que reconhecem e como se reconhecem na aprendizagem.

Ao realizar a reelaboração de registros (síntese das sínteses), o grupo de estudos volta-se para o próprio percurso, recorre à memória e reflete sobre os achados. Reconhece, nas pegadas, as intencionalidades, confirma o processo de pensar sobre o próprio pensamento e o desejo de continuar aprendendo.

Sistematização do funcionamento do grupo

Continuar aprendendo: o lugar, o tempo e a ação.

- Organização do tempo e do espaço
    - **Periodicidade dos encontros** — quinzenal.
    - **Calendários** — semestrais, discutidos com os participantes a partir do primeiro encontro.
    - **Duração** — duas horas por encontro; quatro horas mensais.
    - **A sala do encontro** — um lugar especialmente organizado para a chegada e a vivência do grupo.

A sala estava muito especial: imagens, fotos, objetos, presentes, livros, bordados, inhandutis — fios que se tecem elaborando uma rede que possibilita a um ponto ligar-se aos diversos outros, o único ao múltiplo, simbolizando o nosso grupo em que a presença de cada uma insere, fortalece e transforma a existência da outra (Ana Lúcia Parro, participante de um grupo, nov./2007).

- **A presença do tapete** — a cada encontro coloca-se no chão um tapete contendo imagens, artigos, livros, objetos, divulgação de eventos educacionais etc.

    O tapete é uma proposta de "alimento estético". Ali se depositam desafios para aguçar o olhar e as sensibilidades. A coordenação traz contribuições para ampliar referenciais culturais e pedagógicos na aproximação com diferentes linguagens. Pouco a pouco, a cada encontro, os participantes vão trazendo os seus "alimentos" (recortes, poesias, crônicas, reproduções de obras de arte, romances, fotos do próprio grupo, trechos de filmes). Do tapete nascem as palavras "fortes", as imagens, os comentários que vão contribuir para o repertório do grupo.

    O nosso tapete guarda memórias, histórias e aprendizagens. Narra os nossos achados, as nossas viagens de férias, as leituras, os encontros, faz referências literárias e imaginárias de outras viagens narradas, vividas e sonhadas (Cláudia Muniz, participante de um grupo, nov./2007).

- **Partilha de alimentos, cuidados e afetos** — por iniciativa da coordenação e dos participantes, os encontros são sempre marcados pelos sabores dos momentos de lanche.

    O cuidado que cada um do grupo tem ao trazer sua síntese, ao preparar o lanchinho. O afeto que sentimos em cada chegada e cada despedida. O olhar carinhoso que recebemos em cada fala nossa, os comentários que nos ajudam crescer, tudo isso faz com que busquemos cada vez mais cuidado, atenção, afeto e prazer naquilo que fazemos. E também que tenhamos vontade de compartilhar nossas descobertas, nossas angústias, nossos medos, nossos avanços e até nossos retrocessos (Renata Rendeiro, participante de um grupo, set./2007).

- Organização do grupo
  - **Critérios de participação** — educadores que atuam em escola ou outro tipo de instituição educativa, que previamente são entrevistados pela coordenação para localizar as expectativas e os interesses de participação num grupo de estudos.
  - **Compromissos e responsabilidades** — é apresentado e discutido um conjunto de orientações e combinados ressaltando a responsabilidade de cada um no desenvolvimento e nos resultados do grupo de estudos. O grupo se desenvolve pelo esforço coletivo em torno de tarefas, pelas descobertas e pelo enfrentamento das dificuldades.

    > Para o educador não é fácil permanecer num grupo de estudos, ele tem que ter consciência dessa necessidade e a disponibilidade de encarar o seu saber e não saber, só assim será capaz de levar em frente a sua participação (Leda Nascimento, participante de um grupo, nov./2007).

- Funções de coordenação
  - A organização da estrutura de trabalho requer a função mediadora e articuladora da liderança do coordenador. Cria condições para que as intencionalidades individuais ou coletivas se traduzam gradativamente em objetivos e propostas comuns.
  - A coordenação atenta às necessidades, aos interesses e momentos do grupo, identifica brechas e, assim, atua com mais clareza nas intervenções e devolutivas. Garante a flexibilidade de encaminhamentos sem, contudo, perder a perspectiva de resultados.
  - O coordenador traz questionamentos e organiza o estudo dos temas acordados entre os participantes do grupo.

Acolhe sugestões e oferece subsídios teóricos, orientações de leituras e de tarefas.
- O coordenador favorece as escolhas intencionais do grupo e de cada participante, sem perder de vista o percurso histórico do próprio grupo.
- Elabora devolutivas em forma de textos — os "relembrandos".
- O coordenador instiga no grupo a aproximação com diversas linguagens.

- Encaminhamentos
  - **Estruturação da pauta**
    - Contêm previsões de questões a serem abordadas a partir das referências de práticas e subsídios de leitura, como também aspectos de observação a serem privilegiados.
    - A pauta tem flexibilidade, permitindo inclusões e redimensionamentos com base nas necessidades e sugestões trazidas pelo grupo.
  - **Alimento estético** — colheita das contribuições, exercício do olhar, redes de informação.
    - Um conjunto de elementos que proporcionam observações diversificadas tendo um cunho subjetivo, ou seja, *um mergulho dentro de si*, de sua memória. Pode se referir a atos ou vivências anteriores, que se presentificam não só por meio de lembranças, mas também de novas relações que se estabelecem mediante olhares e reflexão.
    - O "alimento estético" pode proporcionar *exercícios de criação*, leituras compartilhadas de um texto curto, geralmente uma crônica ou uma poesia, um olhar fotográfico, uma produção de filme, um exercício gráfico e, até mesmo, uma atividade lúdico-corporal.
  - **Construção de registro**
    - Todos fazem suas anotações no decorrer da reunião do grupo de estudos.

- Um elemento do grupo é responsável pelo registro e pela elaboração da síntese, que será objeto de leitura a ser compartilhada no próximo encontro.
◦ **Leitura da síntese do encontro anterior** — movimento ritualizado para que o grupo retome sua própria história constituindo, ao longo do tempo, o acervo de autoria do grupo. Da apresentação da síntese surgem:
  - Comentários.
  - Complementações.
  - Apreciações.
  - Incentivos.
  - Compromissos de cada elemento do grupo com os demais.
  - Identificação de pontos a serem aprofundados e a confirmação das conquistas realizadas pelo grupo.
◦ **Roda de discussão/estudo** — é o momento privilegiado para:
  - Pôr-se em discussão.
  - Problematizar a prática e a teoria a partir de referenciais de leitura e de descrição de experiências formadoras de ensinar e aprender.
  - Realizar comentários localizadores — pausas para situar os caminhos de discussão traçados até aquele momento do encontro e a identificação de outros pontos a serem contemplados na continuidade do estudo.
  - Redefinir leituras e sugerir apresentações de temas e de práticas.
  - Criar, a partir das sugestões do grupo, a possibilidade de debater determinados assuntos com outras pessoas.
◦ **Tarefa**
  - A partir do movimento de discussão do grupo se define a tarefa do encontro, selando um compromisso de que todos devam trazer suas contribuições, porque

dessas nascem o fortalecimento e a consolidação do grupo de estudos.
- **Fechamento**
  - Avaliação e autoavaliação.
  - Levantamento de palavras/imagens e expressões mais fortes que circularam durante o trabalho.
  - Depois de um período de vários encontros, é possível se desenhar a cartografia das palavras que apareceram com maior incidência, como também dos conceitos e temas centrais que se tornaram objeto de estudo.
- **Relembrando**
  - No intervalo entre um encontro e outro o coordenador elabora um texto de reflexão e aprofunda um dos aspectos mais destacados na última reunião. Indica também outras referências bibliográficas. Envia esse texto, *Relembrando*, por e-mail, para todos os participantes do grupo.
- **Replanejamento**
  - Por meio das observações do movimento do grupo, das expectativas manifestadas, dos interesses revelados, o coordenador discute com os participantes as próximas orientações de leitura, retomadas de conversas, e novos encaminhamentos de trabalho.
- **Síntese das sínteses** — um caminho metacognitivo.
  - Ao final de um período, por exemplo, um semestre, cada componente do grupo faz a releitura de uma síntese elaborada por outro participante, de tal maneira que cada um do grupo tenha sua síntese do semestre relida por outro colega. Em seguida, elabora uma reescrita pontuando aspectos relevantes da discussão realizada naquela ocasião. Acrescenta a essa reescrita outros aspectos de sua interpretação teórica/prática e traduz sua subjetividade em outras linguagens, não só a escrita.
  - Apresentação — Cada componente do grupo entrega o produto de seu trabalho aos demais. Faz a leitura

da síntese das sínteses e expõe os caminhos metacognitivos que aquele registro anterior provocou em sua aprendizagem. Traduz esses caminhos com objetos, imagens, fotos, instalações.
- Da síntese das sínteses se definem os eixos centrais a serem contemplados no próximo período, por exemplo, no próximo semestre.
- Essas partilhas vão confirmando no grupo os desafios, as superações, as alegrias e os afetos das convivências, as descobertas e o apreço pelo conhecimento, pela pesquisa e pelo estudo.

Referências bibliográficas

ANDRADE, Carlos Drummond de. *A rosa do povo*. Rio de Janeiro, Editora Record, 1983.

FREIRE, Paulo. *Ação cultural para a liberdade e outros escritos*. Rio de Janeiro, Paz e Terra, 1982.

HOYELLOS, Alfredo. *La estética en el pensamiento y obra pedagógica de Loris Malaguzzi*. Barcelona, Octaedro, 2006.

JOSSO, Marie Christine. Os relatos de histórias de vida como desvelamento dos desafios existenciais da formação e do conhecimento: destinos socioculturais e projetos de vida programados na invenção de si. In: SOUZA, Elizeu Clementino de (Org.). *Tempos, narrativas e ficções: a invenção de si*. Porto Alegre, EDIPUCRS, EDUNEB, 2006.

PLACCO, Vera Maria Nigro de Souza e SOUZA, Vera Lúcia Trevisan de (Org.). *Aprendizagem do adulto professor*. São Paulo, Edições Loyola, 2006.

SOARES, Magda. *Metamemória — memória: travessia de uma educadora*. São Paulo, Cortez, 1991.

9

Políticas públicas para a coordenação pedagógica: aprendizados e novas configurações

Luiza Helena da Silva Christov[1]
luizachristov@gmail.com

Apresentação

Neste artigo, registro aprendizados elaborados no Programa Ensino Médio em Rede para a educação continuada dos professores coordenadores da rede estadual paulista de ensino.

O Programa foi realizado no período de agosto de 2004 a julho de 2005, em fase inicial, e no período de abril a dezembro de 2006, em uma segunda etapa. Destinou-se à formação de todos os assistentes técnicos pedagógicos das Diretorias Regionais de Ensino da Secretaria de Estado da Educação; à formação dos coordenadores pedagógicos e dos professores dessa mesma rede em nível de Ensino Médio. Seu objetivo central era preparar os educadores da rede estadual paulista para a construção de uma escola média efetivamente comprometida com necessidades de formação dos jovens na sociedade brasileira atual.

---

1. Professora e pesquisadora do Instituto de Artes da UNESP.

Entre seus temas para reflexão, pode-se destacar: protagonismo juvenil; representações sociais elaboradas sobre jovens e sobre a relação entre os jovens e o conhecimento; currículo escolar e alguns princípios norteadores: contextualização, ensino por competências e interdisciplinaridade; leitura, escrita e pesquisa na escola média.

Concebido e coordenado pela Secretaria de Estado da Educação de São Paulo, por meio da Coordenadoria de Ensino e Normas Pedagógicas — CENP, foi financiado pelo PROMED (Programa de Melhoria e Expansão do Ensino Médio do Governo Federal) por meio de convênio firmado entre a Secretaria de Estado da Educação (SEE), o Ministério da Educação (MEC) e o Banco Interamericano de Desenvolvimento (BID). Contou com a gestão da Fundação Carlos Alberto Vanzolini.

O presente artigo está organizado em três partes: na primeira, faço esta breve apresentação sobre o programa em questão; na segunda, identificada como *Desenho para formação: efeito cascata*, recupero a metodologia de formação de educadores assumida pelo Programa e penso sua relevância; na terceira, que chamo de *Aprendizados e transfigurações*, destaco um aprendizado central apontado pelos coordenadores e aprendizados por mim elaborados nessa experiência. Vamos ao texto.

Desenho para formação: efeito cascata

O Programa Ensino Médio em Rede contou com desenho metaforicamente identificado como cascata, imagem que apresenta camadas e quedas d'água sobrepostas, compondo um todo que resulta de partes interligadas e capazes de sugerir uma totalidade em movimento.

Quais as camadas desse desenho de formação?

A primeira camada pode ser vista como o processo de formação dos assistentes técnicos pedagógicos que nas Diretorias de Ensino respondem pela formação dos professores em cada um dos componentes curriculares. A segunda camada pode ser identificada justamente no processo de formação dos professores coordenadores de cada escola. A terceira camada contempla a formação dos professores na escola.

Assim, os assistentes técnicos pedagógicos eram mediadores no processo de formação dos professores coordenadores, e estes, mediadores na formação dos professores.

Tal desenho merece ser destacado como o primeiro, após os anos da ditadura militar, que previa educação continuada realizada pelos próprios educadores da rede estadual, articulando o próprio sistema dessa rede como espaço de formação. O Programa contava sim com mediadores externos ao sistema, na presença de videoconferencistas que, semanalmente, refletiam com os assistentes técnicos pedagógicos e quinzenalmente com professores coordenadores, porém tais reflexões fundavam-se na prática e na teoria elaboradas pelos mediadores do sistema em seus espaços de atuação internos à estrutura da rede.

O Programa previa um projeto para o desenvolvimento da Hora de Trabalho Pedagógico Coletivo, conquistado pelos educadores da rede estadual e que garante duas horas semanais remuneradas para encontros na escola.

Os temas especificamente analisados com os coordenadores pedagógicos foram: a formação do professor coordenador no Programa Ensino Médio em Rede; professores e alunos: um encontro possível e necessário; o currículo da escola média; o projeto político-pedagógico da escola e o planejamento escolar.

Durante o projeto, o coordenador era acompanhado pelos videoconferencistas e pelos assistentes técnicos pedagógicos.

Aprendizados e transfigurações

Os aprendizados com o Programa Ensino Médio em Rede foram muitos e podem ser apresentados por meio de diversos recortes ou abordagens.

Neste artigo destaco um aprendizado explicitado de forma predominante pelos coordenadores pedagógicos, ou seja, o fato de que, "por meio do programa, puderam perceber-se como formadores dos professores", e destaco ainda aprendizados por mim elaborados durante essa experiência.

Sobre o fato de os coordenadores perceberem-se formadores, vários artigos desta mesma série já trouxeram questões, hipóteses e afirmações sobre as dificuldades que os coordenadores encontram para realizarem projetos formativos no contexto da escola. As diversas atribuições por eles exercidas no auxílio geral à gestão escolar impedem a coordenação dos projetos de educação continuada junto aos professores.

No cotidiano das escolas da rede estadual, os coordenadores auxiliam a direção a organizar dados sobre a infraestrutura, a cuidar de questões disciplinares, permanecendo inclusive nos portões em momentos de entrada e saída de estudantes. Metáforas como bombeiros, polvos e Bombril associadas ao coordenador pedagógico sugerem seu papel de apagador de incêndios ou de animal de muitos braços ou, ainda, agente de "mil e uma utilidades".

Toda a emergência e o imediatismo que marcam o cotidiano dos coordenadores impedem que estes percebam a si mesmos como formadores dos professores, atribuição relegada a terceiro ou quarto plano em muitas escolas.

Contribuir para essa percepção já qualifica o Ensino Médio em Rede como um programa relevante na história recente das políticas públicas voltadas à escola brasileira.

Sobre os aprendizados por mim elaborados nessa experiência — e lembro o leitor que atuei como videoconferencista formadora —, merecem destaque duas constatações: a função de coordenação pedagógica merece ser transformada em cargo a ser ocupado por profissionais concursados, com formação em questões pedagógicas; e o tempo de encontro entre professores e coordenadores merece ser revisto e ampliado.

Atuando desde 1985 como coordenadora, junto a coordenadores, e pesquisando coordenação pedagógica, defendi por duas décadas a importância de contarmos com uma função de coordenação a ser ocupada por todo e qualquer professor em processos democráticos de seleção. Em nossos movimentos de educadores, sempre entendemos que a possibilidade de um professor de disciplina específica ou professor das séries iniciais serem coordenadores ampliaria sua visão sobre o currículo como um todo, além de trazer para a função os saberes relevantes construídos em sala de aula.

A partir do contato que venho preservando com a rede estadual e com seus coordenadores, mas, sobretudo, a partir da experiência do Ensino Médio em rede, mudei minha convicção. Um formador de professores não nasce de um dia para outro. Em outro trabalho[2], analiso que dois campos de saberes são fundamentais para o exercício da coordenação: saberes pedagógicos e saberes das relações interpessoais.

Reconheço o esforço e o êxito de muitos coordenadores que fazem dessa função um lugar efetivo de educação continuada na rede estadual paulista. E reconheço que precisamos de pesquisas capazes de circunstanciar o movimento das escolas com foco na atuação dos coordenadores, que mal conseguem reunir professores e desafiá-los a pensar sobre suas aulas. Fato é, porém, que, em muitas escolas, ainda os espaços de HTPC — hora de trabalho pedagógico coletivo — não significam espaços de reflexão e elaboração conjunta do currículo.

O encontro com coordenadores no Ensino Médio em rede e os encontros que se seguiram por mim coordenados, em diferentes projetos, inspiram minha hipótese de que os coordenadores e a educação escolar merecem ser amparados por um cargo para o coordenador, com remuneração adequada, além de formação inicial e continuada voltada especificamente para o exercício do fundamental papel de formador dos professores. Esse amparo merece ser fundamentado em outro, a saber, o segundo aprendizado que destaco de minha experiência com o Ensino Médio em rede. O segundo amparo a que me refiro está na ampliação da carga horária das reuniões semanais entre coordenadores e professores.

---

2. CHRISTOV, L. H. S. *Sabedoria do coordenador pedagógico: enredos do interpessoal e de (cons)ciências na escola.* Tese de doutoramento. Orientada por PLACCO, Vera M. N. S., na PUC-SP, 2001.

Essa questão é complexa porque arranha direitos de professores e requer coragem para revolucionar todo o tempo da escola e os cálculos que impedem professores de atuarem em apenas uma escola. Mas merece ser feito.

No Ensino Médio em rede, constatei que a existência efetiva de um projeto de formação continuada dos professores, marcado pelo enfrentamento dos desafios da escola contemporânea, sobretudo a escola pública, exige a transformação dessa escola em um lugar de encontro, de trocas de saberes e de elaboração conjunta dos problemas de ensino e aprendizagem e de preparo ético de crianças e jovens. Esse lugar não se faz com meia hora de HTPC; com duas horas, na melhor das hipóteses, para uma parte apenas do grupo de professores. Esse lugar não se faz com coordenadores que desejam prioritariamente deixar a sala de aula e não prioritariamente formar professores.

Os documentos oficiais escolares deste país, há mais de dez anos, falam da importância da construção coletiva dos projetos de escola, diante das dificuldades verificadas não apenas no que se refere aos baixos índices de desempenho escolar, mas principalmente diante dos relatos de agressão entre professores e estudantes. Diretrizes, resoluções, parâmetros e legislações não nos faltam. Falta-nos coragem para traduzir os fundamentos legais em políticas para uma escola na qual se aprende com coordenadores, com professores, com funcionários e com estudantes. Falta-nos coragem para superar a escola que aprisiona jovens e crianças, que enlouquece docentes e que entende que o coordenador pedagógico é apenas mais um dos vigilantes de disciplina ou preenchedores de formulários e planilhas. Para ser vigilante e fazedor de planilha não é preciso cargo, basta função; não é preciso elaborar saberes sobre o currículo e sobre didática; não é preciso saber planejar e coordenar a educação continuada de professores.

Que o leitor possa perdoar o tom panfletário deste artigo. Gosto, porém, de recuperar a juventude presente nos panfletos e, com a companhia de Paulo Freire, permito-me lembrar que é importante mantermos viva a capacidade de indignação.

Para finalizar este artigo, esclareço que é importante separar com grossas marcas de fronteiras os aprendizados dos coordenadores no Programa Ensino Médio em Rede e os aprendizados por mim elaborados com a oportunidade de participar do citado programa.

Meus aprendizados perfilam-se junto a questões e saberes de outras experiências, porém o aprofundamento dos temas específicos da coordenação pedagógica, permitido por esse Programa, contextualiza minha reflexão sobre políticas de educação continuada e oferece pistas para a proposição de um cargo de coordenação pedagógica para a rede estadual a ser preenchido por concurso para pedagogos ou especialistas, mestres e doutores em educação, bem como a proposição da ampliação da carga horária de trabalho coletivo na escola... sempre acompanhadas pela reivindicação historicamente consagrada: salários de artistas de televisão, de *top models* e de jogadores de futebol para os educadores brasileiros.

Referências bibliográficas

FREIRE, Paulo. *Pedagogia da autonomia: saberes necessários à prática educativa.* São Paulo, Paz e Terra, 1996 (Coleção Leitura).

Site: http://www.rededosaber.sp.gov.br/emrede

FSC
www.fsc.org
MISTO
Papel produzido
a partir de
fontes responsáveis
FSC® C008008

Edições Loyola

editoração impressão acabamento

Rua 1822 n° 341 – Ipiranga
04216-000 São Paulo, SP
T 55 11 3385 8500/8501, 2063 4275
www.loyola.com.br